HET SNELLE REPAREREN KOOKBOEK

100 moeiteloze recepten voor heerlijk comfortfood

Saga Lundin

Auteursrechtelijk materiaal ©2024

Alle rechten voorbehouden

Geen enkel deel van dit boek mag in welke vorm of op welke manier dan ook worden gebruikt of overgedragen zonder de juiste schriftelijke toestemming van de uitgever en eigenaar van het auteursrecht, met uitzondering van korte citaten die in een recensie worden gebruikt. Dit boek mag niet worden beschouwd als vervanging voor medisch, juridisch of ander professioneel advies.

INHOUDSOPGAVE

INHOUDSOPGAVE **3**
INVOERING **6**
EIERTOTELS **7**
   1. Asperges – Engelse muffin bakken 8
   2. Gebakken ontbijtburrito's 10
   3. Roerei En Hampizza 12
   4. Spek en eieren ovenschotel 14
   5. Worst-Hasj Bruin Ontbijt Bakken 16
   6. Zuidwestelijke eieren 18
   7. Kersenbessen havermout ovenschotel 20
   8. Omeletbrunch 22
   9. Halve Maan, Hasj Bruin En Worst Bakken 24
   10. Rozijnen French Toast Braadpan 26
   11. Omelet van spinazie 28
   12. Zwitserse Worstschotel 30
   13. Kaneel-rozijnenrol ovenschotel 32
   14. Appelbeignet Croissant Bakken 34
   15. Bosbessen wentelteefjes bakken 36
   16. Basis wentelteefje met wentelteefjes 38
GEVOGELTE BOOITJES **40**
   17. Broccoli-kipschotel 41
   18. Cashew Kip 43
   19. Kaasachtige kip 45
   20. Enchiladas met tortillachips 47
   21. Maïsbrood Kipbraadpan 49
   22. Gezinsvriendelijke kip-enchiladas 51
   23. Fiesta Kipbraadpan 53
   24. Zoete Citroenachtige Kipschotel 55
   25. Mango- kipschotel 57
   26. Maanzaad ovenschotel 59
   27. Ananas Kipbraadpan 61
   28. Zuidwestelijke kiprolletjes 63
   29. Zwitserse kip 65
   30. Kalkoen En Aardappel Bakken 67
   31. Teriyaki kip 69
   32. Wilde Rijst En Kip 71
   33. Basilicum kipschotel 73
   34. Na Thanksgiving ovenschotel 75

35. Turkije Tortilla Ovenschotel 77
36. Turketti 79
37. Vulling En Kalkoenbraadpan 81
38. Turkije divan 83
GROENTE BRAADPANNEN 85
39. Aspergeschotel 86
40. Dikke vegetarische ovenschotel 88
41. Mozzarella Aardappelen Braadpan 90
42. Romige spinazieschotel 92
43. Mexicaanse pizzaschotel 94
44. Zoete uienschotel 96
45. Veggie Shepherd's Pie 98
46. Plantaardige vulling braadpan 100
47. Gebakken Kaasachtige Courgette 102
PEULVRUCHTEN- EN BONENSCHOTELS 104
48. Gestapelde Tortillataart Met Zwarte Bonen 105
49. Groene bonenschotel 107
50. Indiana Maïsliefhebberbraadpan 109
51. Hominy braadpan 111
RIJST- EN NOEDELBOOITJES 113
52. Braadpan met noedelpudding 114
53. Kabeljauw Pasta Ovenschotel 116
54. Kalkoennoedelschotel 119
55. Pastaschotel met zeevruchten 121
56. Rijst En Groene Chili Braadpan 123
57. Vis En Kaasachtige Pasta Braadpan 125
58. Rotini-bak 127
59. Cheddarham-noedelschotel 129
60. Italiaanse Macaroni-bak 131
61. Gebakken Ravioli Alfredo 133
VARKENSVLEES BOOITJES 135
62. Worst Spaghetti Braadpan 136
63. Canadese Bacon Pizza Bak 138
64. Broccoli En Hampotpie 140
65. Pizzaschotel in Chicago-stijl 142
66. Landbroccoli, kaas en ham 144
67. Zwitserse Kaas Varkenshaasjes 146
68. Hasj Bruin-hemel 148
69. Jambalaya 150
70. Sinaasappelrijst En Varkenskarbonades 152
71. Worst Pepperoni Braadpan 154
BIEFSTUKSCHOTELS 156
72. Rundvlees Potpie 157

73. Maïsbrood Op Chili 159
74. Enchilada ovenschotel 161
75. Enchiladas met roomkaas 163
76. Chilighetti 165
77. Deep-Dish-taco's 167
78. Cowboyschotel 169
79. Ongelooflijke cheeseburgertaart 171
80. Vlees En Aardappelbraadpan 173
81. Gehaktbal Ovenschotel 175
82. Uienring barbecue bakken 177
83. Sloppy Joe Pie ovenschotel 179
84. Zuidwestelijke braadpan 181
85. Tater Tot Braadpan 183

VIS- EN ZEEVRUCHTENBOOITJES 185
86. Tonijn-Tater Tot Ovenschotel 186
87. Traditionele tonijnschotel 188
88. Mosterd Zalm Ovenschotel 190
89. Zalm Diner Ovenschotel 192
90. Bayou zeevruchtenschotel 194
91. Romige zeevruchtenschotel 196
92. Heilbot ovenschotel 198
93. Gebakken tong- en spinazieschotel 200
94. Maïs- en visstickbraadpan 203
95. Oesterschotel 205
96. Creoolse ovenschotel met garnalen 208
97. Gegratineerde braadpan met zeevruchten 210

ZOETE BOOITJES 212
98. Aardbeien Zandkoek Ovenschotel 213
99. Chocoladeschilfer-bananenpannenkoekschotel 215
100. Smores ovenschotel 217

CONCLUSIE 219

INVOERING

Welkom bij Het Snelle Repareren Kookboek: 100 moeiteloze recepten voor heerlijk comfortfood.' Stoofschotels zijn het toonbeeld van comfortfood en bieden bij elke hap warmte, smaak en een gevoel van thuis. In dit kookboek nodigen we je uit om het plezier van gemakkelijke en bevredigende maaltijden te ontdekken met een verzameling van 100 verrukkelijke recepten voor ovenschotels, ontworpen om je tijd in de keuken te vereenvoudigen en tegelijkertijd je smaakpapillen te verrassen.

Stoofschotels zijn geliefd vanwege hun veelzijdigheid, eenvoud en het vermogen om met minimale inspanning een menigte te voeden. Of je nu aan het koken bent voor een druk doordeweeks diner, een potluck-bijeenkomst of gewoon zin hebt in een geruststellende maaltijd na een lange dag, op deze pagina's vind je inspiratie en gemak. Van klassieke favorieten zoals macaroni en kaas en beef stroganoff tot innovatieve varianten van traditionele recepten: er is een ovenschotel voor elke gelegenheid en elke smaak.

Elk recept in dit kookboek is zorgvuldig samengesteld om maximale smaak te garanderen met minimale rompslomp. Met duidelijke instructies, veelgebruikte ingrediënten en handige tips voor het bereiden en bewaren van maaltijden, kunt u zelfs op de drukste dagen met gemak een heerlijke ovenschotel bereiden. Of u nu een doorgewinterde thuiskok bent of nieuw in de keuken, er zijn genoeg opties om aan uw wensen te voldoen en uw maaltijdroutine te vereenvoudigen.

Dus pak je ovenschotel, verwarm je oven voor en maak je klaar om te genieten van de geruststellende goedheid van Het Snelle Repareren Kookboek. Met zijn onweerstaanbare recepten en praktische kookbenadering zal dit kookboek zeker jarenlang een onmisbaar onderdeel van uw keuken worden.

EIERTOTELS

1. Asperges – Engelse muffin bakken

INGREDIËNTEN:
- 1 pond verse asperges, in stukken van 1 inch gesneden
- 5 Engelse muffins, gespleten en geroosterd
- 2 kopjes geraspte Colby Jack-kaas, verdeeld
- 1 ½ kopjes in blokjes gesneden, volledig gekookte ham
- ½ kopje gehakte rode paprika
- 8 eieren, losgeklopt
- 2 kopjes melk
- 1 theelepel zout
- 1 theelepel droge mosterd
- ½ theelepel zwarte peper

INSTRUCTIES:
a) Kook de asperges in een pan van 4 liter gedurende 1 minuut. Giet af en doe in een grote kom met ijswater om het kookproces te stoppen. Giet de asperges af en dep ze droog met keukenpapier.

b) Plaats de Engelse muffinhelften, met de snijkant naar boven, om een korst te vormen in een ingevette pan van 9x13 inch. Snijd de muffins om de lege ruimtes in de pan indien nodig op te vullen. Leg de asperges, de helft van de kaas, de ham en de paprika over de muffins.

c) Klop in een grote kom de eieren, melk, zout, droge mosterd en peper. Giet het eimengsel gelijkmatig over de muffins. Dek af en zet 2 uur of een nacht in de koelkast. Haal het uit de koelkast voordat u de oven voorverwarmt tot 375 graden. Bak 40-45 minuten, of tot het in het midden gestold is. Strooi onmiddellijk de resterende kaas erover en serveer.

2.Gebakken ontbijtburrito's

INGREDIËNTEN:
- 12 eieren
- ¾ kopje dikke salsa
- 10 middelgrote bloemtortilla's
- 4-ounce kan groene chilipepers fijnhakken
- 1 kop geraspte cheddarkaas

INSTRUCTIES:
a) Verwarm de oven voor op 350 graden.
b) Roer de eieren en de salsa in een koekenpan door elkaar tot ze stevig maar niet droog zijn. Verwarm de tortilla's in de magnetron tot ze zacht zijn. Schep een lepel roereimengsel in het midden van elke tortilla.
c) Rol de tortilla op en plaats deze in een ingevette pan van 9x13 inch.
d) Bestrooi met groene chilipepers en kaas.
e) Dek af en bak 15 minuten.

3.Roerei En Hampizza

INGREDIËNTEN:
- 1 tube (13,8 ounces) gekoeld pizzabodemdeeg
- 8 eieren
- 2 eetlepels melk
- zout en peper naar smaak
- 1-½ kopjes in blokjes gesneden, volledig gekookte ham
- 1 kop geraspte cheddarkaas

INSTRUCTIES:
a) Verwarm de oven voor op 400 graden.
b) Verdeel het pizzabodemdeeg langs de bodem en halverwege de zijkanten van een ingevette 9x13-inch pan. Bak 8 minuten.
c) In een koekenpan roer en kook je de eieren en de melk tot ze stevig maar niet droog zijn. Breng op smaak met zout en peper.
d) Verdeel de roereieren over de hete korst. Verdeel ham en kaas gelijkmatig over de eieren.
e) Bak 8-12 minuten, of tot de korst goudbruin is en de kaas gesmolten is.

4. Spek en eieren ovenschotel

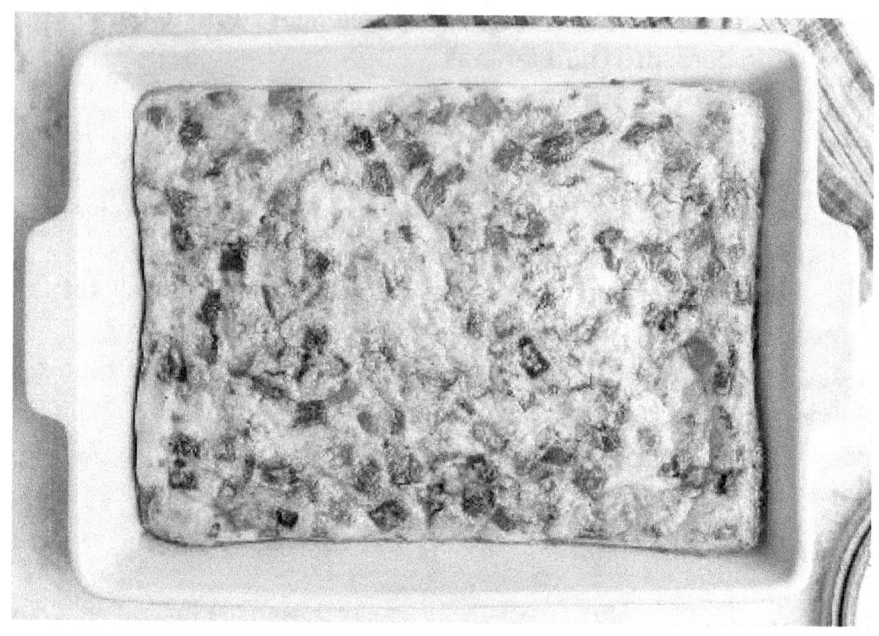

INGREDIËNTEN:
- 12 eieren
- 1 kopje melk
- 1 kop geraspte Monterey Jack-kaas, verdeeld
- 1 pond spek, gekookt en verkruimeld
- 1 bosje groene uien, gehakt

INSTRUCTIES:
a) Verwarm de oven voor op 325 graden.
b) Klop in een kom de eieren, de melk en de helft van de kaas los. Roer het spek en de uien erdoor. Giet het mengsel in een ingevette pan van 9x13 inch.
c) Dek af en kook 45 – 55 minuten, of tot de eieren gestold zijn.
d) Bestrijk onmiddellijk met de resterende kaas en serveer.

5.Worst-Hasj Bruin Ontbijt Bakken

INGREDIËNTEN:
- 3-½ kopjes bevroren geraspte hasj bruins
- 1 pond worst, bruin en uitgelekt
- 1 kop geraspte cheddarkaas
- 6 eieren, losgeklopt
- ¾ kopje melk
- 1 theelepel droge mosterd
- ½ theelepel zout
- ½ theelepel zwarte peper

INSTRUCTIES:

a) Verdeel de opgebakken aardappels op de bodem van een ingevette pan van 9 x 13 inch. Strooi de gekookte worst en kaas erover.

b) Meng in een kom eieren, melk, droge mosterd, zout en peper. Giet het eimengsel gelijkmatig over de worst en de hasj bruins. Dek af en zet 2 uur of een nacht in de koelkast.

c) Haal 20 minuten voor het bakken uit de koelkast en verwarm de oven voor op 350 graden. Dek af en bak 30 minuten. Ontdek en bak nog 5-8 minuten, of tot het midden stevig is.

6. Zuidwestelijke eieren

INGREDIËNTEN:
- 12 eieren
- ½ kopje melk
- 2 blikjes (elk 4 ons) gehakte groene chilipepers
- ½ kopje gehakte rode paprika
- 1 kop geraspte cheddarkaas
- 1 kop geraspte Monterey Jack-kaas

INSTRUCTIES:
a) Verwarm de oven voor op 350 graden.
b) Klop in een kom de eieren en de melk los. Opzij zetten.
c) Leg in een ingevette pan van 9 x 13 inch de chilipepers, paprika en kaas. Giet het eimengsel erover.
d) Dek af en bak 30-40 minuten, of tot de eieren in het midden gestold zijn.

7. Kersenbessen havermout ovenschotel

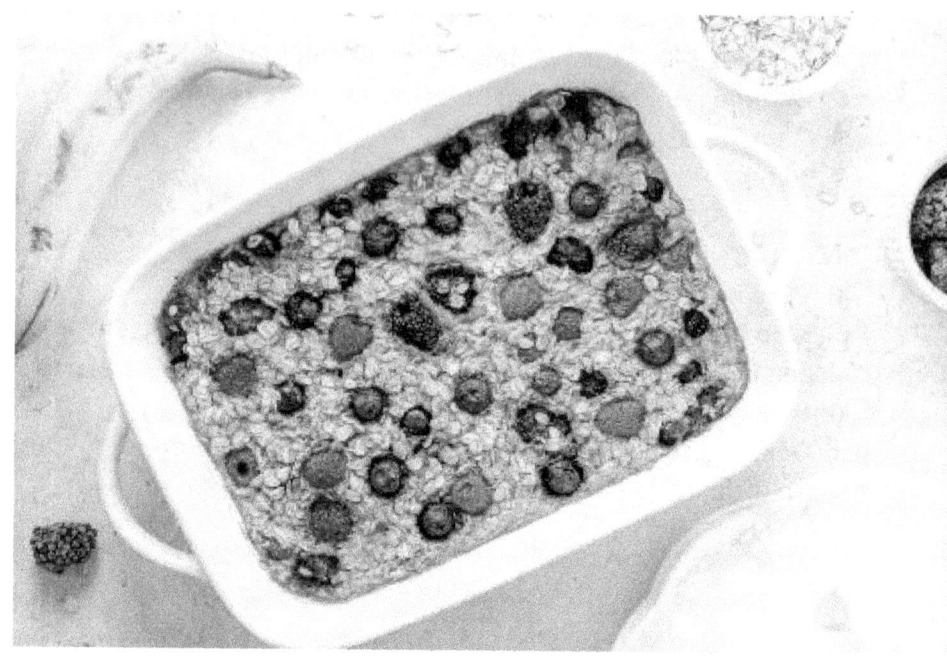

INGREDIËNTEN:
- 2 kopjes droge gerolde haver
- ½ kopje plus 2 el. licht bruine suiker
- 1 theelepel bakpoeder
- 1 theelepel gemalen kaneel
- ½ theelepel zout
- ½ kopje gedroogde kersen
- ½ kopje verse of ontdooide bevroren bosbessen
- ¼ kopje geroosterde amandelen
- 1 kopje volle melk
- 1 kopje halve en halve room
- 1 ei
- 2 eetl. gesmolten ongezouten boter
- 1 theelepel vanille-extract

INSTRUCTIES:

a) Verwarm de oven voor op 375 °. Spuit een vierkante bakvorm van 20 cm in met antiaanbakspray.

b) Voeg in een mengkom de haver, ½ kopje bruine suiker, bakpoeder, kaneel, zout, kersen, ¼ kopje bosbessen en ⅛ kopje amandelen toe. Roer tot alles gemengd is en verdeel het in de bakvorm.

c) Strooi ¼ kopje bosbessen en ⅛ kopje amandelen erover.

d) Voeg in een mengkom de melk, de halve en halve room, het ei, de boter en het vanille-extract toe. Klop tot alles gemengd is en giet het over de bovenkant van de braadpan. Niet roeren. Strooi 2 eetlepels bruine suiker erover.

e) Bak gedurende 30 minuten of tot de braadpan gaar is en de havermout gaar is. Haal uit de oven en laat de braadpan 5 minuten rusten voordat je hem serveert.

8. Omeletbrunch

INGREDIËNTEN:
- 18 eieren
- 1 kopje zure room
- 1 kopje melk
- 1 theelepel zout
- ¼ kopje gehakte groene uien
- 1 kop geraspte cheddarkaas

INSTRUCTIES:

a) Verwarm de oven voor op 325 graden.

b) Klop in een grote kom de eieren, zure room, melk en zout. Vouw de groene uien erin. Giet het mengsel in een ingevette pan van 9x13 inch. Bak 45-55 minuten, of tot de eieren gestold zijn.

c) Strooi er onmiddellijk kaas over en snijd het in vierkanten voordat u het serveert.

9.Halve Maan, Hasj Bruin En Worst Bakken

INGREDIËNTEN:
- 8 ounces buisgekoeld halvemaanbrooddeeg
- 350 gram worstlinks, gebruind, uitgelekt en in plakjes gesneden
- 1 kopje bevroren geraspte hasj bruins
- 1 ½ kopjes geraspte cheddarkaas
- 5 eieren
- ⅓ kopje melk
- zout en peper naar smaak

INSTRUCTIES:
a) Verwarm de oven voor op 375 graden.
b) Rol de halve manen uit en druk het deeg over de bodem en langs de zijkanten van een ronde pizzavorm van 30 cm.
c) Strooi worst, opgebakken aardappels en kaas over het deeg.
d) Klop in een kom de eieren, melk, zout en peper met een vork. Giet het eimengsel over het deeg.
e) Bak 30 minuten.
f) Serveer de wedges met verse salsa.

10. Rozijnen French Toast Braadpan

INGREDIËNTEN:
- 1 brood (24 ons) kaneel-rozijnenbrood, in blokjes
- 6 eieren, lichtgeklopt
- 3 kopjes melk
- 2 theelepels vanille
- poedersuiker

INSTRUCTIES:
a) Plaats de broodblokjes in een ingevette pan van 9x13 inch.
b) Klop in een kom de eieren, melk en vanille. Giet het eimengsel gelijkmatig over het brood. Dek af en zet 2 uur of een nacht in de koelkast.
c) Haal 20 minuten voor het bakken uit de koelkast en verwarm de oven voor op 350 graden.
d) Bak, onafgedekt, 45-50 minuten, of tot ze goudbruin zijn.
e) Strooi er poedersuiker overheen. Serveer met ahornsiroop.

11.Omelet van spinazie

INGREDIËNTEN:
- 4 eieren
- 1 ½ kopjes melk
- ½ theelepel zout
- 1 pakje (10 ons) bevroren spinazie, ontdooid en uitgelekt
- ¾ kopje geraspte cheddar of Zwitserse kaas

INSTRUCTIES:
a) Verwarm de oven voor op 400 graden.
b) Klop in een kom de eieren, melk en zout samen. Giet het mengsel in een ingevette pan van 8x8 inch. Verdeel de spinazie over het eimengsel. Bak 17-22 minuten, of tot de eieren gestold zijn. Strooi kaas erover.

12. Zwitserse Worstschotel

INGREDIËNTEN:
- 10 sneetjes witbrood, in blokjes
- 1 pond pikante worst, bruin en uitgelekt
- 4-ounce blik gesneden champignons, uitgelekt
- ¾ kopje geraspte cheddarkaas
- 1 ½ kopjes geraspte Zwitserse kaas
- 8 eieren, losgeklopt
- 2 kopjes half om half
- 2 kopjes melk
- 1 theelepel zout
- 1 theelepel zwarte peper

INSTRUCTIES:
a) Plaats de broodblokjes in een ingevette pan van 9x13 inch. Verkruimel de gekookte worst over het brood. Verdeel de champignons gelijkmatig over de worst en strooi de kaas erover.
b) Meng in een grote kom de eieren, half om half, melk, zout en peper. Giet het eimengsel gelijkmatig over de kaas. Dek af en zet 2 uur of een nacht in de koelkast.
c) Haal 20 minuten voor het bakken uit de koelkast en verwarm de oven voor op 350 graden. Dek af en bak 30 minuten. Ontdek en bak nog 15-20 minuten.

13. Kaneel-rozijnenrol ovenschotel

INGREDIËNTEN:
- 2 blikjes gekoelde kaneelbroodjes, 12 ounces groot
- ¼ kopje lichtbruine suiker
- 1 kopje rozijnen
- 4 eieren
- ½ kopje zware room
- 2 eetl. ahornsiroop
- 2 ½ theelepel vanille-extract
- 1 theelepel gemalen kaneel
- 4 ons roomkaas, verzacht
- 1 kopje poedersuiker
- 4 eetl. ongezouten boter, zacht

INSTRUCTIES:
a) Verwarm de oven voor op 350 °. Spuit een 25 cm diepe taartvorm in met antiaanbakspray. Haal de kaneelbroodjes uit het blik.
b) Leg de helft van de kaneelbroodjes in de taartvorm. Strooi 2 eetlepels bruine suiker en ½ kopje rozijnen over de kaneelbroodjes.
c) Voeg in een mengkom de eieren, slagroom, ahornsiroop, 2 theelepels vanille-extract en kaneel toe. Klop tot alles gemengd is en giet het over de kaneelbroodjes in de taartvorm. Leg de overige kaneelbroodjes erbovenop. Strooi de resterende bruine suiker en ½ kopje rozijnen erover.
d) Bak gedurende 30 minuten of tot de braadpan gaar is en de kaneelbroodjes goudbruin zijn.
e) Haal uit de oven. Voeg in een mengkom de roomkaas, poedersuiker, boter en ½ theelepel vanille-extract toe.
f) Klop tot een gladde en gecombineerde massa. Verdeel over de broodjes en serveer.

14. Appelbeignet Croissant Bakken

INGREDIËNTEN:
- 6 eetl. ongezouten boter
- ½ kopje lichtbruine suiker
- 3 Granny Smith-appels, zonder klokhuis en in blokjes
- 3 Fuji-appels, zonder klokhuis en in blokjes
- ½ kopje plus 1 eetl. appel boter
- 1 theelepel maizena
- 6 grote croissants, in blokjes
- ½ kopje zware room
- 3 losgeklopte eieren
- 1 theelepel vanille-extract
- ¼ theelepel appeltaartkruiden
- ½ kopje poedersuiker

INSTRUCTIES:
a) Verwarm de oven voor op 375 °. Spuit een bakvorm van 9 x 13 cm in met antiaanbakspray. Voeg de boter toe in een grote koekenpan op middelhoog vuur. Wanneer de boter smelt, voeg je de bruine suiker toe. Roer tot de bruine suiker is opgelost.
b) Voeg de appels toe aan de koekenpan. Roer tot gecombineerd. Kook gedurende 6 minuten of tot de appels zacht worden. Voeg 1 eetlepel appelboter en het maizena toe aan de koekenpan. Roer tot gecombineerd. Haal de koekenpan van het vuur.
c) Verdeel de croissantblokjes in de bakvorm. Schep de appels erbovenop. Voeg in een mengkom de slagroom, eieren, vanille-extract, appeltaartkruiden en ½ kopje appelboter toe. Klop tot alles gemengd is en giet het over de bovenkant van de braadpan.
d) Zorg ervoor dat de croissantblokjes bedekt zijn met de vloeistof.
e) Bak gedurende 25 minuten of tot de braadpan in het midden staat.
f) Haal het uit de oven en strooi de poedersuiker erover. Serveer warm.

15. Bosbessen wentelteefjes bakken

INGREDIËNTEN:
- 12 sneetjes stokbrood van een dag oud, 2,5 cm dik
- 5 losgeklopte eieren
- 2 ½ kopjes volle melk
- 1 kopje lichtbruine suiker
- 1 theelepel vanille-extract
- ½ theelepel gemalen nootmuskaat
- 1 kopje gehakte pecannoten
- ¼ kopje gesmolten ongezouten boter
- 2 kopjes verse of bevroren bosbessen

INSTRUCTIES:
a) Spuit een bakvorm van 9 x 13 cm in met antiaanbakspray. Leg de sneetjes brood in de bakvorm. Voeg in een mengkom de eieren, melk, ¾ kopje bruine suiker, vanille-extract en nootmuskaat toe.
b) Klop tot alles gemengd is en giet het over het brood. Bedek de pan met plasticfolie. Zet minimaal 8 uur maar niet meer dan 10 uur in de koelkast. Haal de pan uit de koelkast en verwijder de plastic folie van de pan.
c) Laat de braadpan 30 minuten op kamertemperatuur staan. Verwarm de oven voor op 400°. Strooi de pecannoten over de bovenkant van de ovenschotel. Voeg in een kleine kom ¼ kopje bruine suiker en de boter toe. Roer tot alles gemengd is en strooi het over de bovenkant van de ovenschotel.
d) Bak gedurende 25 minuten. Strooi de bosbessen over de bovenkant van de ovenschotel.
e) Bak gedurende 10 minuten of totdat een mes dat in het midden van de braadpan wordt gestoken er schoon uitkomt. Haal uit de oven en serveer.

16. Basis wentelteefje met wentelteefjes

INGREDIËNTEN:
- 1 kopje lichtbruine suiker
- ½ kopje ongezouten boter
- 2 kopjes lichte glucosestroop
- 16 ons stokbrood, in plakjes gesneden
- 5 losgeklopte eieren
- 1 ½ kopje volle melk
- Poedersuiker naar smaak

INSTRUCTIES:
a) Spuit een bakvorm van 9 x 13 lichtjes in met antiaanbakspray. Voeg in een sauspan op laag vuur de bruine suiker, boter en glucosestroop toe.
b) Roer tot alles gemengd is en kook totdat alle ingrediënten gesmolten zijn. Haal de pan van het vuur en giet het in de bakvorm.
c) Leg de sneetjes stokbrood op de siroop. Je mag niet alle sneetjes brood gebruiken. Snijd indien nodig de sneetjes brood op maat. Voeg in een mengkom de eieren en melk toe. Klop tot alles gemengd is en giet het over de sneetjes brood. Bedek de pan met plasticfolie. Zet minimaal 8 uur maar niet meer dan 12 uur in de koelkast.
d) Haal de pan uit de koelkast. Verwijder de plasticfolie en laat de braadpan 30 minuten op kamertemperatuur staan. Verwarm de oven voor op 350°.
e) Bak gedurende 20-30 minuten of tot de braadpan gaar en licht goudbruin is.
f) Haal het uit de oven en strooi er naar smaak poedersuiker over.

GEVOGELTE BOOITJES

17. Broccoli-kipschotel

INGREDIËNTEN:
- 2 kopjes gehakte gekookte kip
- 1 blikje champignonroomsoep, gecondenseerd
- ¼ kopje melk
- ¾ kopje geraspte Monterey Jack-kaas
- 1 pakje (10 ons) bevroren broccoli, ontdooid
- ½ kopje groene ui, in plakjes gesneden
- ½ theelepel zwarte peper

INSTRUCTIES:
a) Verwarm de oven voor op 350 graden.
b) Meng alle ingrediënten in een grote kom. Verdeel het mengsel in een ingevette pan van 9x13 inch.
c) Bak 35-40 minuten, of tot het bubbelt.

18. Cashew Kip

INGREDIËNTEN:
- 1 pakje gebakken rijst (6,2 ounces), met kruidenpakket
- 2 kopjes water
- 2 kipfilets zonder bot, zonder vel, gekookt en in blokjes
- ½ kopje gesneden bleekselderij
- 4-ounce blik waterkastanjes, uitgelekt
- ⅔ kopje cashewnoten

INSTRUCTIES:
a) Verwarm de oven voor op 350 graden.
b) Meng rijst, kruidenpakket en water in een kom.
c) Leg kip, rijstmengsel, selderij en waterkastanjes in een ingevette pan van 9x9 inch. Dek af en bak 30-40 minuten, of tot de rijst gaar is.
d) Bestrooi met cashewnoten.

19.Kaasachtige kip

INGREDIËNTEN:
- 4 tot 6 kipfilets zonder bot en zonder vel
- 1 doos (16 ounces) zure room
- 1 blikje (10,75 ounces) bleekselderijsoep, gecondenseerd
- 1 blikje kippensoeproom, gecondenseerd
- 1 ¼ kopjes water
- 2 kopjes ongekookte witte rijst
- 1 kop geraspte cheddarkaas

INSTRUCTIES:
a) Verwarm de oven voor op 325 graden.
b) Plaats de kip in een ingevette pan van 9x13 inch.
c) Meng in een kom zure room, soepen, water en ongekookte rijst. Giet over de kip. Dek af en bak 1 uur.
d) Bestrooi vlak voor het serveren met kaas.

20. Enchiladas met tortillachips

INGREDIËNTEN:
- 2 kopjes gehakte gekookte kip
- 2 blikjes (elk 10,75 ounce) kippensoeproom, gecondenseerd
- 1 kopje zure room
- ¼ kopje gehakte ui
- 1 zak (12 ounces) tortillachips, geplet in zak
- 1 kop geraspte Monterey Jack-kaas
- ½ kopje salsa

INSTRUCTIES:
a) Verwarm de oven voor op 350 graden.
b) Meng in een grote kom kip, soep, zure room en ui.
c) Leg in een ingevette pan van 9 x 13 inch de helft van de chips en de helft van het soepmengsel. Herhaal lagen.
d) Bestrooi met kaas en bak 30 minuten. Serveer met salsa.

21. Maïsbrood Kipbraadpan

INGREDIËNTEN:
- 4 kopjes ongekookte eiernoedels
- 3 kopjes gehakte gekookte kip
- 2 blikjes (elk 10,75 ounce) bleekselderijsoep, gecondenseerd
- 1 blik (15 ounces) crèmekleurige maïs
- 2 kopjes geraspte cheddarkaas
- 1 pakje maïsbroodmix (8x8-inch panformaat)

INSTRUCTIES:

a) Verwarm de oven voor op 350 graden.

b) Kook de noedels 5-7 minuten, of tot ze gaar zijn. Giet af en meng met kip, soep, maïs en kaas. Giet het noedelmengsel in een ingevette pan van 9x13 inch.

c) Combineer het maïsbroodmengsel in een kom met de ingrediënten vermeld op de verpakking. Schep het maïsbroodbeslag over het noedelmengsel.

d) Bak 25-30 minuten, of tot de bovenkant van het maïsbrood goudbruin is.

22.Gezinsvriendelijke kip-enchiladas

INGREDIËNTEN:
- 3 kopjes gekookte en versnipperde kip
- 2 blikjes (elk 10,75 ounce) kippensoeproom, gecondenseerd
- 1 kopje zure room
- 4-ounce blikje groene chilipepers, uitgelekt
- ¼ kopje gedroogde gehakte ui
- 2 ½ kopjes geraspte cheddarkaas, verdeeld
- 10 middelgrote bloemtortilla's
- ⅓ kopje melk

INSTRUCTIES:
a) Verwarm de oven voor op 350 graden.
b) Combineer kip, 1 blikje soep, zure room, chilipepers, ui en 1 ½ kopje kaas. Vul tortilla's met ⅓ tot ½ kopje kippenmengsel.
c) Rol de gevulde tortilla's op en plaats ze met de naad naar beneden in een ingevette pan van 9x13 inch.
d) Meng de resterende soep met melk en verdeel over tortillabroodjes. Strooi de resterende kaas erover.
e) Dek af en bak 25 minuten. Ontdek en bak nog 5-10 minuten, of tot het gaar is.

23. Fiesta Kipbraadpan

INGREDIËNTEN:
- 2 kopjes ongekookte pasta met kleine schelpen
- 2 kopjes gehakte gekookte kip
- 1 pot (16 ounces) middelgrote salsa
- Handvol Olijven
- 2 kopjes geraspte Mexicaanse kaasmix

INSTRUCTIES:
a) Verwarm de oven voor op 350 graden.
b) Kook de pasta volgens de aanwijzingen op de verpakking en laat uitlekken.
c) Combineer alle ingrediënten in een ingevette pan van 9x13 inch.
d) Dek af en bak 20-25 minuten, of tot het gaar is.
e) Bestrijk met olijven.

24.Zoete Citroenachtige Kipschotel

INGREDIËNTEN:
- 6 kipfilets zonder bot en zonder vel
- 2 eetlepels boter of margarine, gesmolten
- ⅓ kopje bloem
- ⅓ kopje honing
- ¼ kopje citroensap
- 1 eetlepel sojasaus

INSTRUCTIES:

a) Verwarm de oven voor op 350 graden.

b) Doop de kip in boter en vervolgens in bloem. Plaats in een ingevette pan van 9x13 inch.

c) Combineer honing, citroensap en sojasaus. Giet de saus over de kip.

d) Dek af en bak 40 minuten, of tot de kip gaar is.

25. Mango- kipschotel

INGREDIËNTEN:
- 1 kop ongekookte witte rijst
- 2 kopjes water
- 4 kipfilets zonder bot en zonder vel
- 1 pot mangosalsa

INSTRUCTIES:

a) Verwarm de oven voor op 350 graden.

b) Combineer rijst en water in een ingevette pan van 9x13 inch. Leg de kip over de rijst en giet de mangosalsa erover.

c) Dek af en bak 1 uur.

26. Maanzaad ovenschotel

INGREDIËNTEN:
- 1 ½ pond gemalen kalkoen
- 1 groene of rode paprika, gehakt
- 3 blikjes (elk 8 ons) tomatensaus
- ½ theelepel zout
- ½ theelepel zwarte peper
- 1 pakje (8 ons) roomkaas, in blokjes
- ½ kopje zure room
- 1 kopje kwark
- 1 eetlepel maanzaad
- 1 zakje (12-18 ounces) gekrulde noedels, gekookt en uitgelekt
- 1 theelepel Italiaanse kruiden
- ½ kopje geraspte Parmezaanse kaas

INSTRUCTIES:
a) Verwarm de oven voor op 350 graden.
b) Bruine kalkoen en paprika samen tot de kalkoen gaar is. Giet de vloeistof af. Voeg de tomatensaus, zout en peper toe en laat op laag vuur sudderen.
c) Meng in een kom roomkaas, zure room, kwark en maanzaad en meng vervolgens met uitgelekte hete noedels. Plaats het noedelmengsel op de bodem van een ingevette pan van 9x13 inch en bedek met het kalkoenmengsel. Dek af en bak 30 minuten.
d) Ontdek en bak nog 10 minuten.
e) Strooi Italiaanse kruiden en Parmezaanse kaas erover.

27. Ananas Kipbraadpan

INGREDIËNTEN:
- 2 kopjes in blokjes gesneden gekookte kip
- 1 blik (8 ons) gemalen ananas, met vloeistof
- 1 kopje gehakte selderij
- 1 kopje gekookte witte rijst
- 1 blikje champignonroomsoep, gecondenseerd
- 1 kopje mayonaise
- 1 blik (6 ons) gesneden waterkastanjes, uitgelekt
- 2 kopjes paneermeel
- 1 eetlepel boter of margarine, gesmolten

INSTRUCTIES:

a) Verwarm de oven voor op 350 graden.

b) Meng in een grote kom alle ingrediënten behalve broodkruimels en boter.

c) Breng het mengsel over in een ingevette pan van 9x13 inch.

d) Combineer broodkruimels en boter; strooi het kippenmengsel erover.

e) Bak 30-45 minuten.

28. Zuidwestelijke kiprolletjes

INGREDIËNTEN:
- 1 kopje fijngemalen kaascrackers
- 1 envelop tacokruiden
- 4 tot 6 kipfilets zonder bot en zonder vel
- 4 tot 6 plakjes Monterey Jack-kaas
- 4-ounce kan groene chilipepers fijnhakken

INSTRUCTIES:
a) Verwarm de oven voor op 350 graden.
b) Combineer crackers en tacokruiden op een bord. Maak de kip plat met een vleesvermalser en plaats 1 plakje kaas en ongeveer 1 eetlepel chilipepers op elk stuk kip. Rol de kip op en zet vast met een tandenstoker.
c) Bestrooi de kip met het crackermengsel en plaats het in een ingevette pan van 9x13 inch.
d) Bak, onafgedekt, 35-40 minuten, of tot de kip gaar is.
e) Vergeet niet om de tandenstokers te verwijderen voordat u ze serveert.

29.Zwitserse kip

INGREDIËNTEN:
- 4 tot 6 kipfilets zonder bot en zonder vel
- 4 tot 6 plakjes Zwitserse kaas
- 1 blikje champignonroomsoep, gecondenseerd
- ¼ kopje melk
- 1 doos (6 ounces) gekruide vullingmix
- ¼ kopje boter of margarine, gesmolten

INSTRUCTIES:
a) Verwarm de oven voor op 350 graden.
b) Leg de kip op de bodem van een ingevette pan van 9x13 inch. Leg de plakjes kaas op de kip.
c) Meng de soep en de melk in een kom. Schep het soepmengsel over de kip.
d) Strooi het droge vulmengsel over de soeplaag en besprenkel de boter erover.
e) Dek af en bak 55-65 minuten, of tot de kip gaar is.

30. Kalkoen En Aardappel Bakken

INGREDIËNTEN:
- 2 kopjes in blokjes gesneden gekookte kalkoen
- 2 middelgrote aardappelen, geschild en in dunne plakjes gesneden
- 1 middelgrote ui, in plakjes gesneden
- zout en peper naar smaak
- 1 blikje (10,75 ounces) bleekselderijsoep, gecondenseerd
- ½ kopje magere melk

INSTRUCTIES:

a) Verwarm de oven voor op 350 graden.

b) Leg in een ingevette pan van 20x20 cm kalkoen, aardappelen en ui. Bestrooi met zout en peper.

c) Meng soep en melk in een kom. Giet over kalkoen. Dek af en bak 1 uur.

31. Teriyaki kip

INGREDIËNTEN:
- 2 kipfilets zonder bot, zonder vel, in blokjes
- 1 blikje kippenbouillon (15 ons).
- 2 eetlepels bruine suiker
- 2 eetlepels sojasaus
- ½ theelepel gemalen gember
- ½ theelepel Worcestershiresaus
- 1 kop ongekookte witte rijst
- 1 blikje (8 ons) ananasstukjes, uitgelekt

INSTRUCTIES:
a) Verwarm de oven voor op 350 graden.
b) Combineer alle ingrediënten in een grote kom.
c) Breng het mengsel over in een ingevette pan van 9x13 inch.
d) Dek af en bak 1 uur, of tot de rijst gaar is.

32. Wilde Rijst En Kip

INGREDIËNTEN:
- 6,2 ounces langkorrelige en wilde rijst, met kruiden
- 1 ½ kopje water
- 4 kipfilets zonder bot en zonder vel
- ½ theelepel gedroogde basilicum
- ½ theelepel knoflookpoeder

INSTRUCTIES:
a) Verwarm de oven voor op 375 graden.
b) Meng rijst, kruidenpakket en water in een kom.
c) Giet het mengsel in een ingevette pan van 9x13 inch.
d) Leg de kip op het rijstmengsel en bestrooi met basilicum en knoflookpoeder.
e) Dek af en bak 1 uur.

33.Basilicum kipschotel

INGREDIËNTEN:
- 3 eetlepels boter of margarine, gesmolten
- 3 kopjes aardappelen, geschild en in dunne plakjes gesneden
- 1 pakje (16 ounces) bevroren maïs
- 2 theelepels zout, verdeeld
- 2 theelepels basilicum, verdeeld
- 1 kopje graham crackerkruimels
- ⅓ kopje boter of margarine, gesmolten
- 4 tot 6 kipfilets zonder bot en zonder vel

INSTRUCTIES:
a) Verwarm de oven voor op 375 graden.
b) Giet 3 eetlepels gesmolten boter op de bodem van een pan van 9x13 inch. Combineer aardappelen en maïs in de pan en bestrooi met 1 theelepel zout en 1 theelepel basilicum.
c) Meng in een kleine kom de crackerkruimels en het resterende zout en basilicum. Breng het mengsel over naar een bord. Dompel de kip in ⅓ kopje gesmolten boter en rol hem vervolgens door het kruimelmengsel, zodat hij volledig bedekt is. Leg de kip over de groenten.
d) Dek af en bak 60-75 minuten, of tot de kip gaar is en de groenten gaar zijn.
e) Haal uit de oven, haal het deksel eraf en bak nog 10 minuten tot de kip bruin is.

34.Na Thanksgiving ovenschotel

INGREDIËNTEN:
- 1 doos (6 ounces) gekruide vullingmix
- 3 kopjes gehakte gekookte kalkoen
- 2 kopjes kalkoenjus, verdeeld
- 2 kopjes aardappelpuree, gekruid met knoflook

INSTRUCTIES:
a) Verwarm de oven voor op 350 graden.
b) Bereid de vulling volgens de aanwijzingen op de verpakking. Schep de vulling in een ingevette ovenschaal van 2 liter. Leg de kalkoen over de vulling. Giet 1 kopje jus over kalkoen. Verdeel de aardappelpuree gelijkmatig over de bovenkant. Bedek met de resterende jus.
c) Dek af en bak 35-45 minuten, of tot het bubbelt.

35.Turkije Tortilla Ovenschotel

INGREDIËNTEN:
- 3 kopjes gehakte gekookte kalkoen
- 4-ounce kan groene chilipepers fijnhakken
- ¾ kopje kippenbouillon
- 2 blikjes (elk 10,75 ounce) kippensoeproom, gecondenseerd
- 1 middelgrote ui, gehakt
- 8 tot 10 middelgrote bloemtortilla's in gordita-stijl
- 2 kopjes geraspte Monterey Jack-kaas

INSTRUCTIES:
a) Verwarm de oven voor op 350 graden.
b) Meng kalkoen, chilipepers, bouillon, soep en ui in een grote kom. Bedek de bodem van een ingevette 9x13-inch pan met de helft van de tortilla's. Verdeel de helft van het kalkoenmengsel over de tortillalaag. Strooi de helft van de kaas erover. Herhaal lagen.
c) Bak 25-30 minuten, of tot het bubbelt en warm is.

36.Turketti

INGREDIËNTEN:
- 1 blikje champignonroomsoep, gecondenseerd
- ½ kopje water
- 2 kopjes in blokjes gesneden gekookte kalkoen
- 1 ⅓ kopjes spaghetti, gebroken, gekookt en uitgelekt
- ⅓ kopje gehakte groene paprika
- ½ kopje gehakte ui
- ½ theelepel zout
- ¼ theelepel zwarte peper
- 2 kopjes geraspte cheddarkaas, verdeeld

INSTRUCTIES:
a) Verwarm de oven voor op 350 graden.
b) Meng soep en water in een grote kom. Roer de resterende ingrediënten erdoor, behalve 1 kopje kaas. Verdeel het mengsel in een ingevette pan van 9x13 inch.
c) Strooi de resterende kaas erover. Bak 45 minuten.

37.Vulling En Kalkoenbraadpan

INGREDIËNTEN:
- 2 blikjes (elk 10,75 ounce) bleekselderijsoep, gecondenseerd
- 1 kopje melk
- ½ theelepel zwarte peper
- 1 zak (16 ounces) bevroren gemengde groenten, ontdooid en uitgelekt
- 2 ½ kopjes in blokjes gesneden gekookte kalkoen
- 1 doos (6 ounces) gekruide vullingmix
- Verwarm de oven voor op 400 graden.

INSTRUCTIES:

a) Meng soep, melk, peper, groenten en kalkoen. Verdeel het kalkoenmengsel in een ingevette pan van 9x13 inch.

b) Bereid de vulling volgens de aanwijzingen op de verpakking. Schep de vulling gelijkmatig over de kalkoen.

c) Bak 25 minuten, of tot het gaar is.

38. Turkije divan

INGREDIËNTEN:
- 2 kopjes in blokjes gesneden gekookte kalkoen
- 1 pakje (10 ons) bevroren broccolisperen, gekookt
- 1 blikje kippensoep (10,75 ounces), gecondenseerd
- ½ kopje mayonaise
- ½ theelepel citroensap
- ¼ theelepel kerriepoeder
- ½ kopje geraspte scherpe cheddarkaas

INSTRUCTIES:
a) Verwarm de oven voor op 350 graden.
b) Leg kalkoen en broccoli in een ingevette pan van 9x13 inch.
c) Meng de soep, mayonaise, citroensap en kerriepoeder in een kom.
d) Giet over de kalkoen en bestrooi met kaas. Dek af en bak 40 minuten.

GROENTE BRAADPANNEN

39.Aspergeschotel

INGREDIËNTEN:
- 1 kop geraspte cheddarkaas
- 2 kopjes gemalen zoute crackers
- ¼ kopje boter of margarine, gesmolten
- 10,75 ounces kan champignonroomsoep, gecondenseerd
- 15 ounce blik aspergesperen, uitgelekt met gereserveerde vloeistof
- ½ kopje gesneden amandelen

INSTRUCTIES:
a) Verwarm de oven voor op 350 graden.
b) Meng kaas en crackerkruimels in een kom. Opzij zetten.
c) Meng in een aparte kom de boter, de soep en het vocht uit het blik asperges. Leg de helft van het crackermengsel op de bodem van een 8x8-inch pan. Verdeel de helft van de asperges erover.
d) Verdeel de helft van de gesneden amandelen en de helft van het soepmengsel over de asperges.
e) Leg de overgebleven asperges, amandelen en het soepmengsel erover. Bedek met het resterende crackermengsel.
f) Bak 20-25 minuten, of tot het bubbelt en goudbruin is.

40. Dikke vegetarische ovenschotel

INGREDIËNTEN:
- 2 kopjes water
- 1 kopje ongekookte witte rijst
- 1 zak (16 ons) bevroren broccoliroosjes
- 1 zak (16 ons) bevroren bloemkoolroosjes
- ⅓ kopje water
- 1 middelgrote ui, gehakt
- ⅓ kopje boter of margarine
- 1 pot (16 ounces) Cheez Whiz
- 1 blikje kippensoep (10,75 ounces), gecondenseerd
- ⅔ kopje melk

INSTRUCTIES:
a) Breng in een pan 2 kopjes water en rijst aan de kook. Verminder hitte. Dek af en laat 15 minuten sudderen, of tot het water is opgenomen.
b) Verwarm de broccoli en bloemkool in een kom met ⅓ kopje water in de magnetron op hoog vuur gedurende 8 minuten, of tot ze gaar zijn. Giet groenten af.
c) Verwarm de oven voor op 350 graden.
d) In een koekenpan de ui in boter fruiten. Roer de gekookte rijst door de ui. Verdeel het rijstmengsel in een ingevette pan van 9x13 inch.
e) Roer groenten, kaassaus, soep en melk door het rijstmengsel.
f) Bak 30-35 minuten, of tot het bubbelt.

41. Mozzarella Aardappelen Braadpan

INGREDIËNTEN:
- 4 middelgrote aardappelen, geschild
- 4 Roma-tomaten, in plakjes gesneden
- 1 grote groene paprika, zonder zaadjes en in reepjes gesneden
- zout en peper naar smaak
- 1 theelepel Italiaanse kruiden
- 2 kopjes geraspte mozzarellakaas
- 1 kopje zure room

INSTRUCTIES:
a) Verwarm de oven voor op 400 graden.
b) Kook de aardappelen in een soeppan 25-30 minuten tot ze gedeeltelijk gaar zijn en snijd ze vervolgens in dunne plakjes. Leg de helft van elk van de aardappelschijfjes, tomatenschijfjes en paprikareepjes in een ingevette 9x9-inch pan.
c) Breng op smaak met zout en peper. Strooi de helft van de Italiaanse kruiden en mozzarellakaas over de groenten. Herhaal de lagen met de resterende aardappelen, tomaten en paprika.
d) Strooi de resterende kruiden en kaas over de groenten en verdeel de zure room erover.
e) Dek af en bak 30-40 minuten, of tot het bubbelt.

42. Romige spinazieschotel

INGREDIËNTEN:
- 2 pakjes (elk 10 ons) bevroren gehakte spinazie
- 1 envelop uiensoepmix
- 1 container (16 ounces) zure room
- ¾ kopje geraspte cheddarkaas

INSTRUCTIES:
a) Verwarm de oven voor op 350 graden.
b) Kook de spinazie volgens de instructies op de verpakking en laat uitlekken. Plaats in een ingevette ovenschaal van 1 ½ tot 2 kwart gallon.
c) Roer het uiensoepmengsel en de zure room erdoor.
d) Strooi kaas erover. Bak 20-25 minuten, of tot het bubbelt.

43.Mexicaanse pizzaschotel

INGREDIËNTEN:
- 1 tube (13,8 ounces) gekoeld pizzabodemdeeg
- 1 blikje (16 ounces) bonen
- ¾ kopje dikke salsa
- 1 envelop tacokruiden
- 1 ½ kopjes geraspte Mexicaanse kaasmix
- 1 zak (10 ons) geraspte sla
- 2 Roma-tomaten, in blokjes gesneden
- 1 ½ kopjes gemalen nacho-kaas tortillachips

INSTRUCTIES:
a) Verwarm de oven voor op 400 graden.
b) Bedek de bodem en gedeeltelijk de zijkanten van een ingevette 9x13-inch pan met pizzadeeg. Bak 10-12 minuten, of tot ze licht goudbruin zijn.
c) Verwarm de bonen en de salsa in een pan tot ze bubbelen. Roer de tacokruiden door het bonenmengsel. Verdeel het bonenmengsel over de gebakken korst.
d) Strooi kaas over de bonen en bak 5-8 minuten, of tot de kaas is gesmolten.
e) Leg de sla, tomaten en gemalen tortillachips erover en serveer onmiddellijk.

44. Zoete uienschotel

INGREDIËNTEN:
- 6 grote zoete uien, in dunne plakjes gesneden
- 6 eetlepels boter of margarine, verdeeld
- blik (10,75 ounces) bleekselderijsoep, gecondenseerd
- ⅓ kopje melk
- ½ theelepel zwarte peper
- 2 kopjes geraspte Zwitserse kaas, verdeeld
- 6 sneetjes stokbrood, gesneden in een dikte van 1 inch

INSTRUCTIES:
a) Fruit de uien in een grote koekenpan in 4 eetlepels boter gedurende 11-13 minuten, of tot de uien zacht zijn.

b) Meng in een grote kom soep, melk, peper en 1 ½ kopje kaas.

c) Verwarm de oven voor op 350 graden. Roer de uien door het soepmengsel. Verdeel het mengsel in een ingevette pan van 9x13 inch. Strooi de resterende kaas erover.

d) Smelt de resterende boter en bestrijk één kant van elk sneetje brood ermee. Leg de sneetjes brood met de boterkant naar boven in de pan en maak drie rijen.

e) Bak 24-28 minuten. Koel 5-7 minuten af voordat u het serveert.

45. Veggie Shepherd's Pie

INGREDIËNTEN:
- 1 zak (16 ounces) bevroren Californische groentenmix
- 1 blikje (10,75 ounces) cheddarkaassoep, gecondenseerd
- ½ theelepel tijm
- 2 kopjes aardappelpuree, gekruid met knoflook

INSTRUCTIES:
a) Verwarm de oven voor op 350 graden.
b) Combineer bevroren groenten, soep en tijm in een ingevette pan van 9x9 inch. Verdeel de aardappelen gelijkmatig over de groentelaag. Dek af en bak 25 minuten.
c) Ontdek en bak nog 15-20 minuten, of tot het gaar is.

46.Plantaardige vulling braadpan

INGREDIËNTEN:
- 1 zak (16 ons) bevroren sperziebonen
- 1 zak (16 ounces) bevroren gemengde groenten
- 2 blikjes champignonroomsoep, gecondenseerd
- 1 blikje (6 ons) gefrituurde uien
- 1 doos (6 ounces) gekruide vullingmix
- 3 eetlepels boter of margarine, gesmolten
- ¼ kopje water

INSTRUCTIES:
a) Verwarm de oven voor op 350 graden.
b) Giet bevroren groenten in de bodem van een ingevette 9x13-inch pan.
c) Roer de soep door de groenten.
d) Strooi de uien en het vullingmengsel gelijkmatig over de bovenkant.
e) Sprenkel gesmolten boter en water over de vullaag.
f) Dek af en bak 55-65 minuten, of tot het gaar is.

47. Gebakken Kaasachtige Courgette

INGREDIËNTEN:
- 1 middelgrote courgette, in dunne plakjes gesneden
- 1 zoete ui, in dunne plakjes gesneden
- 2 Roma-tomaatjes, in dunne plakjes gesneden
- 2 eetlepels boter of margarine, gesmolten
- ¾ kopje paneermeel met Italiaanse smaak
- 1 kopje geraspte mozzarella-kaas

INSTRUCTIES:
a) Verwarm de oven voor op 350 graden.
b) Leg de courgette, ui en tomaten in een ingevette pan van 9x9 inch.
c) Druppel boter over de groenten. Strooi paneermeel erover.
d) Dek af en bak 45-50 minuten, of tot de groenten gaar zijn. Haal uit de oven, haal het deksel eraf en strooi er kaas over.
e) Bak nog 5-7 minuten, of tot de kaas bubbelt.

PEULVRUCHTEN- EN BONENSCHOTELS

48.Gestapelde Tortillataart Met Zwarte Bonen

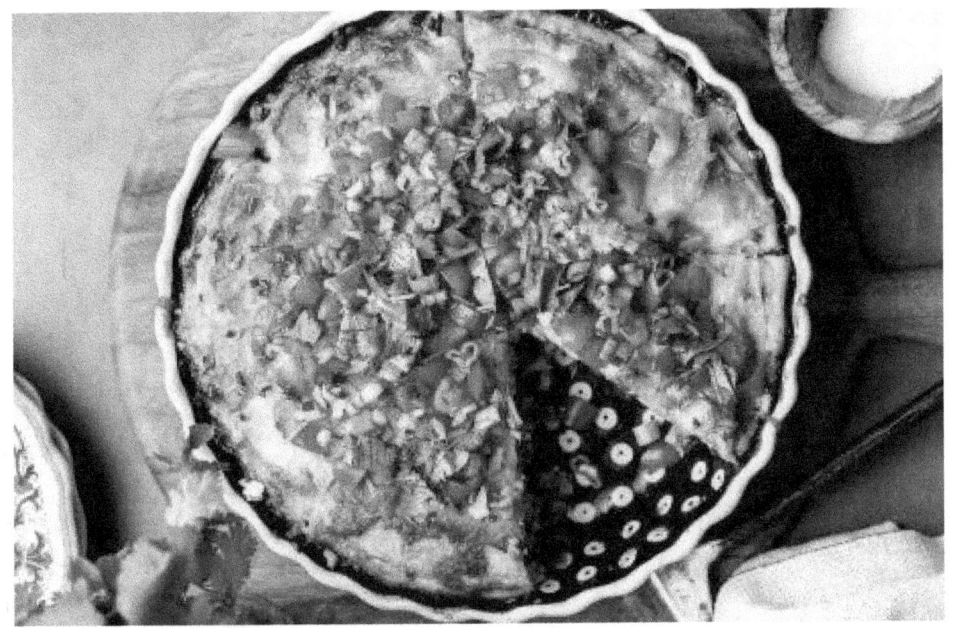

INGREDIËNTEN:
- 1 blikje (16 ounces) bonen
- 1 kop salsa, verdeeld
- 1 theelepel gehakte knoflook
- 1 eetlepel gedroogde koriander
- 1 blikje zwarte bonen (15 ounces), gespoeld en uitgelekt
- 1 middelgrote tomaat, gehakt
- 7 middelgrote bloemtortilla's
- 2 kopjes geraspte cheddarkaas

INSTRUCTIES:

a) Verwarm de oven voor op 400 graden.

b) Meng in een kom de gebakken bonen, ¾ kopje salsa en knoflook.

c) Meng in een aparte kom de resterende salsa, koriander, zwarte bonen en tomaat.

d) Leg een tortilla op de bodem van een ingevette taartvorm. Verdeel een vierde van het bonenmengsel over de tortilla, binnen ½ inch van de rand.

e) Strooi ¼ kopje kaas over de bonen en dek af met een andere tortilla. Schep een derde van het zwarte bonenmengsel over de tortilla.

f) Strooi ¼ kopje kaas over het zwarte bonenmengsel en dek af met een andere tortilla.

g) Herhaal de lagen en eindig met een laatste laag bonenmengsel, verspreid over de laatste tortilla. Bestrooi met ½ kopje kaas. Dek af en bak 35-40 minuten.

h) Serveer individuele stukjes taart met salsa en zure room.

49.Groene bonenschotel

INGREDIËNTEN:
- 2 blikjes (elk 14,5 ounce) sperziebonen, uitgelekt
- 1 blikje champignonroomsoep, gecondenseerd
- ⅔ kopje melk
- ⅓ kopje echte spekjes
- ¼ theelepel zwarte peper
- 1 ¼ kopjes gefrituurde uien, verdeeld

INSTRUCTIES:
a) Verwarm de oven voor op 350 graden.
b) Combineer alle ingrediënten behalve uien in een ingevette ovenschaal van 1 ½ tot 2 kwart gallon. Roer ½ kopje uien erdoor. Bak, onafgedekt, 30 minuten, of tot het bubbelt.
c) Strooi de resterende uien erover en bak nog 5 minuten.

50. Indiana Maïsliefhebberbraadpan

INGREDIËNTEN:
- 2 eieren, lichtgeklopt
- 1 blikje (14,75 ounces) maïs in crèmestijl
- 12-ounce blik hele maïskorrels, uitgelekt
- ¾ kopje zure room
- 3 eetlepels boter of margarine, gesmolten
- 1 ½ kopjes geraspte cheddarkaas
- 1 middelgrote ui, gehakt
- 4-ounce kan groene chilipepers fijnhakken, uitgelekt
- 1 pakje (6,5 ounces) maïsmuffinmix

INSTRUCTIES:
a) Verwarm de oven voor op 350 graden.

b) Meng in een grote kom eieren, maïs, zure room, boter, kaas, ui en chilipepers. Voeg het maïsmuffinmengsel voorzichtig toe tot het bevochtigd is. Verdeel het mengsel in een ingevette ovenschaal van 2 liter.

c) Bak 60-70 minuten, of tot de bovenkant goudbruin is en het midden stevig is.

51. Hominy braadpan

INGREDIËNTEN:
- 1 middelgrote ui, gehakt
- 1 grote groene paprika, zonder zaadjes en in blokjes gesneden
- ½ kopje boter of margarine
- 15,5-ounce blikje witte hominy, uitgelekt
- 15,5-ounce blikje gele hominy, uitgelekt
- 12-ounce blik hele maïskorrels, uitgelekt
- 4-ounce blik gesneden champignons, uitgelekt
- ¼ kopje geraspte Parmezaanse kaas
- 1 kopje Cheez Whiz
- ¼ kopje in blokjes gesneden pimiento, uitgelekt

INSTRUCTIES:
a) Verwarm de oven voor op 350 graden.
b) Fruit in een koekenpan de ui en paprika in boter tot ze gaar zijn. Roer de resterende ingrediënten door het uienmengsel. Verdeel het in een ingevette pan van 8 x 8 inch.
c) Bak 30-35 minuten, of tot het bubbelt.

RIJST- EN NOEDELBOOITJES

52. Braadpan met noedelpudding

INGREDIËNTEN:
- 16 kopjes water
- 7 ½ kopjes droge brede eiernoedels
- 8 ons roomkaas, verzacht
- 6 eetl. ongezouten boter, zacht
- 1 kopje kristalsuiker
- 3 eieren
- 1 kopje volle melk
- 1 kopje abrikozennectar
- 1 kopje cornflakekruimels
- 6 eetl. gesmolten ongezouten boter
- ½ theelepel gemalen kaneel

INSTRUCTIES:
a) Voeg het water toe in een grote sauspan op middelhoog vuur. Als het water kookt, roer de eiernoedels erdoor. Kook gedurende 6 minuten of tot de noedels gaar zijn. Haal de pan van het vuur en laat al het water uit de pan lopen.

b) Voeg in een grote kom de roomkaas, zachte boter en ½ kopje kristalsuiker toe. Gebruik een mixer op gemiddelde snelheid en klop tot een gladde en romige massa. Voeg de eieren toe aan de kom. Meng tot gecombineerd.

c) Voeg de melk en de abrikozennectar toe. Meng alleen tot het gecombineerd is. Voeg toe aan de noedels en roer totdat de noedels bedekt zijn met de room.

d) Verwarm de oven voor op 350 °. Spuit een bakvorm van 9 x 13 cm in met antiaanbakspray. Voeg in een kleine kom de cornflakekruimels, ½ kopje kristalsuiker, gesmolten boter en kaneel toe. Roer tot gecombineerd. Verdeel de noedels in de bakvorm.

e) Strooi de cornflakes erover.

f) Bak gedurende 25 minuten of tot de braadpan in het midden warm en bruisend is. Haal uit de oven en serveer.

53.Kabeljauw Pasta Ovenschotel

INGREDIËNTEN:
- 14 kopjes water
- 1 theelepel citroenpeperkruiden
- 1 laurierblad
- 2 pond kabeljauwfilets, in stukjes van 1 inch gesneden
- 1 kop droge pasta met kleine schaal
- 1 rode paprika, gehakt
- 1 groene paprika, gehakt
- 1 kopje gehakte ui
- 1 eetl. ongezouten boter
- 3 eetl. bloem voor alle doeleinden
- 2 ½ kopjes verdampte melk
- ¾ theelepel zout
- ½ theelepel gedroogde tijm
- ¼ theelepel zwarte peper
- 1 kopje geraspte Mexicaanse kaasmix

INSTRUCTIES:

a) Voeg in een grote koekenpan op middelhoog vuur 6 kopjes water, citroenpeperkruiden en het laurierblad toe. Breng aan de kook en voeg de kabeljauw toe. Plaats een deksel op de koekenpan. Laat 5-6 minuten sudderen of tot de vis schilfert en gaar is. Haal van het vuur en laat al het water uit de pan lopen. Verwijder het laurierblad en gooi het weg.

b) Voeg in een sauspan op middelhoog vuur 8 kopjes water toe. Als het water kookt, roer je de schaalpasta erdoor. Kook gedurende 6 minuten of tot de pasta gaar is. Haal van het vuur en laat al het water uit de pasta lopen.

c) Voeg in een pan op middelhoog vuur de rode paprika, groene paprika,

d) ui en boter. Bak gedurende 5 minuten of tot de groenten gaar zijn. Voeg de bloem voor alle doeleinden toe aan de pan. Roer voortdurend en kook gedurende 1 minuut. Voeg onder voortdurend roeren langzaam de verdampte melk toe. Blijf roeren en kook gedurende 2 minuten of tot de saus dikker wordt.

e) Voeg het zout, de tijm, de zwarte peper en het Mexicaanse kaasmengsel toe aan de pan. Roer tot alles gemengd is en de kaas smelt. Haal de pan van het vuur.

f) Voeg de pasta en vis toe aan de saus. Roer voorzichtig tot het gemengd is. Verwarm de oven voor op 350 °. Spuit een ovenschaal van 2 liter in met antiaanbakspray. Schep de ovenschotel in de ovenschaal. Dek de schaal af met een deksel of aluminiumfolie.

g) Bak gedurende 25 minuten of tot de braadpan heet en bruisend is. Haal uit de oven en serveer.

54. Kalkoennoedelschotel

INGREDIËNTEN:
- 1 zakje eiernoedels (12 ons).
- 1 blikje (10,75 ounces) bleekselderijsoep, gecondenseerd
- ½ kopje melk
- 1 blikje (5 ons) kalkoen, uitgelekt
- 2 kopjes geraspte cheddarkaas
- ½ kopje gemalen aardappelchips

INSTRUCTIES:
a) Verwarm de oven voor op 400 graden.
b) Kook de noedels volgens de aanwijzingen op de verpakking en laat ze uitlekken. Roer soep, melk, kalkoen en kaas door de hete noedels.
c) Verdeel het noedelmengsel in een ingevette ovenschaal van 2 liter.
d) Bak 15 minuten. Bestrooi met gemalen aardappelchips en bak nog 3-5 minuten.

55.Pastaschotel met zeevruchten

INGREDIËNTEN:
- ¼ kopje olijfolie
- 1 pond verse asperges, bijgesneden en in stukjes van 1 inch gesneden
- 1 kopje gehakte groene ui
- 1 eetl. gehakte knoflook
- 16 ons pkg. Linguine-noedels, gekookt en uitgelekt
- 1 pond middelgrote garnalen, gekookt, gepeld en ontdaan van de darmen
- 8 ons krabvlees, gekookt
- 8 ons imitatie of verse kreeft, gekookt
- 8 ons kan zwarte olijven, uitgelekt

INSTRUCTIES:

a) Verwarm de oven voor op 350 °. Spuit een braadpan van 4 liter met antiaanbakspray. Voeg de olijfolie toe in een koekenpan op middelhoog vuur.

b) Als de olie heet is, voeg je de asperges, groene uien en knoflook toe. Sauteer gedurende 5 minuten.

c) Haal de koekenpan van het vuur en doe de groenten en de olijfolie in de ovenschaal.

d) Voeg de linguine-noedels, krab, kreeft en zwarte olijven toe aan de ovenschotel.

e) Gooi tot gecombineerd. Bak gedurende 30 minuten of tot de braadpan heet is.

f) Haal uit de oven en serveer.

56.Rijst En Groene Chili Braadpan

INGREDIËNTEN:
- 1 doos (6 ounces) instant langkorrelige en wilde rijstmix
- 1 kopje zure room
- 4-ounce kan groene chilipepers fijnhakken, uitgelekt
- 1 kop geraspte cheddarkaas
- 1 kop geraspte Monterey Jack-kaas

INSTRUCTIES:
a) Rijst bereiden volgens de instructies op de verpakking.
b) Verwarm de oven voor op 350 graden.
c) Meng zure room en groene chilipepers in een kom. Verdeel de helft van de gekookte rijst over de bodem van een ingevette pan van 20 x 20 cm. Schep de helft van het zure roommengsel over de rijst. Strooi de helft van elke kaas erover.
d) Schep de resterende rijst over de kaas. Verdeel het resterende zure roommengsel over de rijst en strooi de resterende kaas erover.
e) Bak, onafgedekt, 15-20 minuten, of tot het bubbelt.

57.Vis En Kaasachtige Pasta Braadpan

INGREDIËNTEN:
- 16 ons gekrulde pasta, gekookt en uitgelekt
- 1 pot (16 ounces) Ragu dubbele cheddarsaus
- 5 bevroren gehavende visfilets

INSTRUCTIES:
a) Verwarm de oven voor op 375 graden.
b) Kook de pasta volgens de aanwijzingen op de verpakking en laat uitlekken. Doe de pasta in een ingevette pan van 9x13 inch. Roer de cheddarsaus door de noedels. Leg de vis er bovenop.
c) Bak, onbedekt, 30 minuten.

58. Rotini-bak

INGREDIËNTEN:
- 12 ons ongekookte gekrulde rotini of pasta met kleine buisjes
- 1 pond rundergehakt
- 1 pot (26 ons) spaghettisaus
- 2 eieren, lichtgeklopt
- 1 doos (16 ons) kwark
- 2 kopjes geraspte mozzarellakaas, verdeeld
- ½ kopje geraspte Parmezaanse kaas

INSTRUCTIES:
a) Verwarm de oven voor op 350 graden.
b) Kook de noedels volgens de aanwijzingen op de verpakking en laat ze uitlekken.
c) In een koekenpan het rundvlees bruin bakken en laten uitlekken terwijl de noedels koken. Roer de spaghettisaus door het rundvlees.
d) Meng in een grote kom eieren, kwark, 1 kopje mozzarellakaas en Parmezaanse kaas. Spatel de gekookte pasta voorzichtig door het kaasmengsel. Verdeel een derde van het rundvleesmengsel over de bodem van een ingevette pan van 9x13 inch. Schep de helft van het pastamengsel over het rundvlees.
e) Leg nog een derde van het rundvleesmengsel over de noedels. Leg de resterende noedels erover, gevolgd door het resterende rundvleesmengsel.
f) Dek af en bak 40 minuten. Ontdek en strooi de resterende mozzarella-kaas erover. Zet terug in de oven en bak nog 5-10 minuten, of tot de kaas is gesmolten.

59. Cheddarham-noedelschotel

INGREDIËNTEN:
- 1 zakje eiernoedels (12 ons).
- ¼ kopje in blokjes gesneden groene paprika
- ½ middelgrote ui
- 1 eetlepel olijfolie
- 1 blikje champignonroomsoep, gecondenseerd
- ⅔ kopje melk
- 1 ½ kopjes in blokjes gesneden, volledig gekookte ham
- 2 kopjes geraspte cheddarkaas

INSTRUCTIES:

a) Verwarm de oven voor op 400 graden.

b) Kook de noedels volgens de aanwijzingen op de verpakking en laat ze uitlekken.

c) In een koekenpan bak je de paprika en de ui in olijfolie tot de ui glazig is. Roer soep, melk, ham, groenten en kaas door de warme noedels.

d) Verdeel het noedelmengsel in een ingevette ovenschaal van 2 liter.

e) Bak 15 minuten, of tot het gaar is.

60.Italiaanse Macaroni-bak

INGREDIËNTEN:
- 8 ons ongekookte elleboogmacaroni
- 1 pond rundergehakt, bruin en uitgelekt
- zout en peper naar smaak
- 1 pot (14 ons) pizzasaus
- 4-ounce blikje gesneden champignons
- 2 kopjes geraspte mozzarellakaas

INSTRUCTIES:
a) Verwarm de oven voor op 350 graden.
b) Kook de macaroni volgens de aanwijzingen op de verpakking en laat uitlekken.
c) Breng het gekookte rundvlees op smaak met zout en peper. Plaats de helft van de macaroni op de bodem van een ingevette ovenschaal van 2 liter.
d) Leg de helft van het rundvlees, de pizzasaus, de champignons en de kaas in laagjes. Plaats de resterende macaroni erover en herhaal de lagen.
e) Dek af en bak 20 minuten.
f) Ontdek en bak nog 5-10 minuten, of tot de kaas is gesmolten.

61.Gebakken Ravioli Alfredo

INGREDIËNTEN:

- 1 zak (25 ounces) bevroren Italiaanse worstravioli
- 1 zak (16 ons) bevroren broccoliroosjes
- 1 pot (16 ounces) Alfredo-saus
- ¾ kopje melk
- ¼ kopje gekruid broodkruimels

INSTRUCTIES:

a) Verwarm de oven voor op 350 graden.

b) Plaats de bevroren ravioli op de bodem van een ingevette pan van 9x13 inch. Verdeel de broccoli over de ravioli. Giet Alfredo-saus over de broccoli. Giet de melk gelijkmatig over de bovenkant.

c) Dek af en bak 50 minuten. Ontdek en strooi broodkruimels erover.

d) Bak, onafgedekt, nog 10 minuten, of tot het gaar is.

VARKENSVLEES BOOITJES

62.Worst Spaghetti Braadpan

INGREDIËNTEN:
- 1 pond worst
- 1 middelgrote ui, gehakt
- 1 pot (26 ons) spaghettisaus
- ½ kopje water
- 1 pakje (16 ons) spaghettinoedels, gekookt en uitgelekt
- ¼ kopje boter of margarine, gesmolten
- 3 eieren, losgeklopt
- ½ kopje geraspte Parmezaanse kaas
- 2 kopjes geraspte mozzarellakaas, verdeeld
- 1 container (16 ounces) kwark

INSTRUCTIES:
a) Verwarm de oven voor op 350 graden.
b) In een koekenpan bak je de worst en de ui samen en giet je het overtollige vet af. Roer de spaghettisaus en het water door het worstmengsel. Laat de saus op laag vuur 5 minuten sudderen.
c) Meng in een kom gekookte spaghetti, boter, eieren, Parmezaanse kaas en de helft van de mozzarellakaas. Verdeel het noedelmengsel in een ingevette pan van 9x13 inch.
d) Verdeel de kwark gelijkmatig over de noedels.
e) Verdeel het spaghettisausmengsel gelijkmatig over de bovenkant. Strooi de overgebleven kaas over de saus.
f) Dek af en bak 25 minuten.
g) Ontdek en bak nog 10-15 minuten.

63.Canadese Bacon Pizza Bak

INGREDIËNTEN:
- 2 tubes (elk 7,5 ounce) gekoelde karnemelkkoekjes
- 1 pot (14 ons) pizzasaus
- 1 kop geraspte Italiaanse kaasmix
- 15 tot 20 plakjes Canadees spek
- 1 ½ kopjes geraspte mozzarellakaas, verdeeld

INSTRUCTIES:
a) Verwarm de oven voor op 375 graden.
b) Scheid de koekjes en snijd ze elk in 4 stukken. Doe het in een grote kom en meng met pizzasaus en Italiaanse kaasmix. Plaats het koekjesmengsel in een ingevette pan van 9x13 inch.
c) Leg de plakjes Canadese spek gelijkmatig over de bovenkant.
d) Strooi mozzarellakaas erover.
e) Bak 20-25 minuten, of tot de koekjes gaar zijn.

64. Broccoli En Hampotpie

INGREDIËNTEN:
- 1 pakje (10 ons) bevroren gehakte broccoli, ontdooid
- 1 blik (15 ounces) hele maïskorrels, uitgelekt
- 1 blikje champignonroomsoep, gecondenseerd
- 2 kopjes gehakte, volledig gekookte ham
- 1 ½ kopjes geraspte cheddarkaas
- ¾ kopje zure room
- ½ theelepel zwarte peper
- 1 gekoelde taartbodem

INSTRUCTIES:
a) Verwarm de oven voor op 425 graden.
b) Verdeel de broccoli op de bodem van een licht ingevette en magnetronbestendige taartvorm van 25 cm diep of een ronde schaal van 1 ½ kwart gallon.
c) Meng maïs, soep, ham, kaas, zure room en peper in een kom. Schep het mengsel over de broccoli. Bedek het met keukenpapier en zet het in de magnetron op hoog vuur gedurende 3-4 ½ minuut, of tot het heet is.
d) Plaats de ongevouwen taartbodem over het hammengsel en stop de randen in de pan. Snijd vier spleten van 1 inch in de korst zodat stoom tijdens het bakken kan ontsnappen. Plaats de pan op een bakplaat.
e) Bak 15 minuten, of tot de korst goudbruin kleurt.

65. Pizzaschotel in Chicago-stijl

INGREDIËNTEN:
- 2 tubes (elk 13,8 ounces) gekoeld pizzabodemdeeg
- 2 kopjes traditionele spaghettisaus, verdeeld
- 1 pond worst, bruin en uitgelekt
- ½ middelgrote ui, gehakt
- 2 kopjes geraspte mozzarellakaas, verdeeld

INSTRUCTIES:
a) Verwarm de oven voor op 375 graden.
b) Verdeel 1 korst over de bodem en langs de zijkanten van een licht ingevette pan van 9x13 inch. Verdeel 1-½ kopjes saus over de korst. Verdeel gekookte worst en ui over de saus. Strooi 1-½ kopje kaas over de worstlaag.
c) Leg de resterende pizzabodem erop en knijp het deeg van de onderste en bovenste korst samen. Snijd spleten van 1 inch in de bovenste korst. Verdeel de overgebleven saus en kaas er voorzichtig over.
d) Bak 30 minuten, of tot de korst goudbruin is en in het midden gaar is.

66. Landbroccoli, kaas en ham

INGREDIËNTEN:
- 1 pakje (10 ons) bevroren broccoli
- 1 kopje in blokjes gesneden, volledig gekookte ham
- 1 blikje (10,75 ounces) cheddarkaassoep, gecondenseerd
- ½ kopje zure room
- 2 kopjes paneermeel
- 1 eetlepel boter of margarine, gesmolten

INSTRUCTIES:
a) Verwarm de oven voor op 350 graden.
b) Kook de broccoli volgens de aanwijzingen op de verpakking. Meng in een grote kom alle ingrediënten behalve broodkruimels en boter. Breng het mengsel over in een ingevette pan van 9x13 inch. Meng het broodkruim en de boter en strooi dit over het mengsel. Bak 30-35 minuten.

67. Zwitserse Kaas Varkenshaasjes

INGREDIËNTEN:
- 6 varkenskarbonades
- 1 eetlepel boter of margarine
- 12 verse laurierblaadjes
- 6 plakjes ham
- 2 eetlepels gehakte verse salie
- 1 kop geraspte Zwitserse kaas

INSTRUCTIES:
a) Verwarm de oven voor op 375 graden.
b) Bak de karbonades in een koekenpan in boter 2-3 minuten aan elke kant. Zet op een bord bekleed met keukenpapier om uit te lekken.
c) Leg in een ingevette pan van 9 x 13 inch de karbonades, laurierblaadjes, ham, salie en kaas.
d) Dek af en bak 25 minuten.

68.Hasj Bruin-hemel

INGREDIËNTEN:
- 4 kopjes bevroren geraspte hasj bruins, ontdooid
- 1 pond spek, gekookt en verkruimeld
- ⅔ kopje melk
- ½ kopje gehakte ui
- ½ theelepel zout
- ¼ theelepel zwarte peper
- ⅛ theelepel knoflookpoeder (optioneel)
- 2 eetlepels boter of margarine, gesmolten

INSTRUCTIES:
a) Verwarm de oven voor op 350 graden.
b) Combineer alle ingrediënten in een grote kom.
c) Breng over naar een ingevette 8x8-inch pan.
d) Bak 45 minuten.

69. Jambalaya

INGREDIËNTEN:
- ½ kopje boter of margarine
- 1 grote ui, gehakt
- 1 grote groene paprika, gehakt
- ½ kopje in blokjes gesneden selderij
- 1 eetlepel gehakte knoflook
- 1 pond volledig gekookte rookworstlinks, in plakjes gesneden
- 3 kopjes kippenbouillon
- 2 kopjes ongekookte witte rijst
- 1 kopje gehakte tomaten
- ½ kopje gehakte groene ui
- 1-½ eetlepel peterselie
- 1 eetlepel Worcestershiresaus
- 1 eetlepel Tabasco-saus

INSTRUCTIES:
a) Verwarm de oven voor op 375 graden.
b) Smelt de boter in een koekenpan. Fruit de ui, paprika, selderij en knoflook in boter tot ze gaar zijn.
c) Meng in een grote kom worst, bouillon, rijst, tomaten, groene ui, peterselie, worcestershiresaus en tabascosaus. Roer de gebakken groenten door het worstmengsel.
d) Verdeel het in een ingevette pan van 9x13 inch.
e) Dek af en bak 20 minuten. Roer, dek af en bak nog 20 minuten.
f) Roer, dek af en bak nog eens 5-10 minuten, of tot de rijst gaar is.

70.Sinaasappelrijst En Varkenskarbonades

INGREDIËNTEN:
- 6 varkenskarbonades
- zout en peper naar smaak
- 1 ⅓ kopjes ongekookte witte rijst
- 1 kopje sinaasappelsap
- 1 blik (10,75 ounces) kip- en rijstsoep, gecondenseerd

INSTRUCTIES:

a) Verwarm de oven voor op 350 graden.

b) Bak de karbonades in een koekenpan 2 minuten aan elke kant bruin en breng op smaak met zout en peper. Opzij zetten.

c) Combineer rijst en sinaasappelsap in een ingevette pan van 9x13 inch.

d) Leg de varkenskarbonades over de rijst. Giet de soep erover. Dek af en bak 45 minuten.

e) Ontdek en kook nog 10 minuten, of tot het klaar is.

71. Worst Pepperoni Braadpan

INGREDIËNTEN:
- 1 pond worst
- 1 middelgrote ui, gehakt
- 1 pakje (3,5 ons) gesneden pepperoni
- 1 pot (14 ons) pizzasaus
- 1 ¼ kopjes geraspte mozzarellakaas
- 1 kopje koekjesmix
- 1 kopje melk
- 2 eieren, lichtgeklopt

INSTRUCTIES:
a) Verwarm de oven voor op 400 graden.
b) In een koekenpan bruine worst en ui samen tot de worst gaar is. Giet eventueel overtollig vet af en roer de pepperoni erdoor. Verdeel het vleesmengsel in een ingevette pan van 8x8 inch. Giet de saus gelijkmatig over het vlees. Strooi kaas over de saus.
c) Meng de koekjesmix, melk en eieren in een aparte kom. Giet het beslag gelijkmatig over het vleesmengsel en de saus.
d) Bak, onbedekt, 25 minuten, of tot ze goudbruin zijn.

BIEFSTUKSCHOTELS

72. Rundvlees Potpie

INGREDIËNTEN:
- 1 pond mager rundvleesstoofvlees, gekookt
- 1 pakje (16 ounces) bevroren gemengde groenten, ontdooid
- 1 pot (12 ons) champignonjus
- ½ theelepel tijm
- 1 tube (8 ounces) gekoelde halvemaantjesbroodjes

INSTRUCTIES:
a) Verwarm de oven voor op 375 graden.
b) Combineer alle ingrediënten behalve de broodjes in een ingevette pan van 9x13 inch.
c) Bak 20 minuten.
d) Haal het uit de oven en leg het platgedrukte deeg erop.
e) Zet terug in de oven en bak 17-19 minuten, of tot de korst goudbruin is.

73. Maïsbrood Op Chili

INGREDIËNTEN:
- 1 middelgrote ui, gehakt
- 1 eetlepel boter of margarine
- 2 blikjes (elk 15 ounce) chili met vlees en bonen
- 1 blik (11 ounces) maïs in Mexicaanse stijl, uitgelekt
- 1 kop geraspte cheddarkaas
- 1 pakje maïsbroodmix (8x8-inch panformaat)

INSTRUCTIES:

a) Verwarm de oven voor op 425 graden.

b) In een koekenpan de ui in boter fruiten tot de uien gaar zijn. Roer de chili en maïs erdoor. Verdeel het chilimengsel in een ingevette pan van 9x13 inch. Strooi kaas erover.

c) Meng het maïsbroodmengsel in een kom volgens de aanwijzingen op de verpakking. Giet het beslag gelijkmatig over het chilimengsel.

d) Bak 25 minuten, of tot het maïsbrood goudbruin is en in het midden staat.

74. Enchilada ovenschotel

INGREDIËNTEN:
- 1 pond rundergehakt, bruin en uitgelekt
- 1 blikje (15 ounces) chili, welke variant dan ook
- 1 blikje (8 ons) tomatensaus
- 1 blikje (10 ons) enchiladasaus
- 1 zak (10 ons) Fritos maïschips, verdeeld
- 1 kopje zure room
- 1 kop geraspte cheddarkaas

INSTRUCTIES:
a) Verwarm de oven voor op 350 graden.
b) Meng in een grote kom gekookt rundvlees, chili, tomatensaus en enchiladasaus. Roer tweederde van de chips erdoor. Verdeel het mengsel in een ingevette ovenschaal van 2 liter.
c) Bak, onafgedekt, 24-28 minuten, of tot het gaar is.
d) Verdeel de zure room erover. Strooi kaas over zure room. Verpletter de resterende chips en strooi erover.
e) Bak nog 5-8 minuten, of tot de kaas is gesmolten.

75. Enchiladas met roomkaas

INGREDIËNTEN:
- 1 pond rundergehakt, bruin en uitgelekt
- ½ kopje gehakte ui
- 2 blikjes (elk 8 ons) tomatensaus
- ¼ kopje water
- 1 ½ theelepel chilipoeder
- ½ theelepel zwarte peper
- 1 pakje (8 ons) roomkaas, verzacht
- 12 middelgrote bloemtortilla's
- 2 kopjes geraspte cheddarkaas
- geraspte sla
- zure room

INSTRUCTIES:
a) Verwarm de oven voor op 375 graden.
b) Meng in een grote kom gekookt rundvlees, ui, tomatensaus, water en kruiden. Verdeel de roomkaas over tortilla's, rol ze op en plaats ze in een ingevette pan van 9x13 inch. Giet het rundvleesmengsel over tortilla's.
c) Bestrooi met cheddarkaas. Dek af en bak 25 minuten.
d) Serveer met geraspte sla en garneer met een klodder zure room.

76.Chilighetti

INGREDIËNTEN:

- 1 pond rundergehakt, bruin en uitgelekt
- 1 pakje (8 ons) spaghetti, gekookt en uitgelekt
- ½ kopje gehakte ui
- 1 kopje zure room
- 2 blikjes (elk 8 ons) tomatensaus
- 4-ounce blikje gesneden champignons
- 2 blikjes (elk 16 ounce) chili, elk type
- 1 teentje knoflook, fijngehakt
- 2 kopjes geraspte cheddarkaas

INSTRUCTIES:

a) Verwarm de oven voor op 350 graden.
b) Meng in een grote kom alle ingrediënten behalve kaas.
c) Breng het mengsel over in een ingevette pan van 9x13 inch. Bestrijk met kaas.
d) Bak 20 minuten.

77.Deep-Dish-taco's

INGREDIËNTEN:
- ½ kopje zure room
- ½ kopje mayonaise
- ½ kopje geraspte cheddarkaas
- ¼ kopje gehakte ui
- 1 kopje koekjesmix
- ¼ kopje koud water
- ½ pond rundergehakt, bruin en uitgelekt
- 1 middelgrote tomaat, in dunne plakjes gesneden
- ½ kopje groene paprika, gehakt

INSTRUCTIES:

a) Verwarm de oven voor op 375 graden.

b) Meng zure room, mayonaise, kaas en ui in een kom. Opzij zetten.

c) Meng in een aparte kom de koekjesmix en water tot er een zacht deeg ontstaat.

d) Druk het deeg op de bodem en langs de zijkanten van een ingevette 8x8-inch pan.

e) Leg het rundvlees, de tomaat en de paprika op het deeg. Schep het zure roommengsel erover.

f) Bak 25-30 minuten.

78. Cowboyschotel

INGREDIËNTEN:
- 1 pond rundergehakt
- 1 middelgrote ui, gehakt
- 2 jalapeñopepers, zonder zaadjes en in blokjes gesneden
- 2 pakjes (elk 6,5 ounce) maïsbroodmix
- ½ theelepel zout
- ½ theelepel zuiveringszout
- 1 blikje (14,75 ounces) maïs in crèmevorm
- ¾ kopje melk
- 2 eieren, losgeklopt
- 2 kopjes geraspte cheddarkaas, verdeeld

INSTRUCTIES:
a) Verwarm de oven voor op 350 graden.
b) In een koekenpan bruin rundvlees met ui en paprika tot het rundvlees gaar is. Giet overtollig vet af en zet opzij.
c) Meng het maïsbroodmengsel, zout, zuiveringszout, maïs, melk en eieren in een kom. Verdeel de helft van het beslag over de bodem van een ingevette 9x13-inch pan. Strooi de helft van de kaas over het beslag. Schep het vleesmengsel gelijkmatig over de bovenkant.
d) Strooi de resterende kaas over het vleesmengsel en verdeel het resterende beslag erover.
e) Bak, onafgedekt, 35 minuten, of tot het maïsbrood goudbruin is en in het midden staat.

79. Ongelooflijke cheeseburgertaart

INGREDIËNTEN:
- 1 pond rundergehakt, bruin en uitgelekt
- 1 kopje gehakte ui
- 1 kop geraspte cheddarkaas
- 1 kopje melk
- ½ kopje koekjesmix
- 2 eieren

INSTRUCTIES:

a) Verwarm de oven voor op 325 graden.

b) Leg in een ingevette pan van 9x9 inch het rundvlees, de ui en de kaas.

c) Meng in een kom de melk, de koekjesmix en de eieren. Verdeel het deegmengsel over de kaas.

d) Bak 25-35 minuten, of totdat het mes dat je in het midden steekt er schoon uitkomt.

80. Vlees En Aardappelbraadpan

INGREDIËNTEN:
- 1 pond rundergehakt
- 2 middelgrote uien, gehakt
- 1 ½ theelepel Italiaanse kruiden
- 4 tot 6 middelgrote aardappelen, geschild en in dunne plakjes gesneden
- zout en peper naar smaak
- 1 blikje champignonroomsoep, gecondenseerd
- ⅓ kopje water

INSTRUCTIES:
a) Verwarm de oven voor op 350 graden.
b) In een koekenpan het rundvlees en de ui samen bruin bakken tot het rundvlees gaar is. Roer de Italiaanse kruiden door het rundvleesmengsel. Leg een derde van de aardappelen op de bodem van een ingevette pan van 9x13 inch.
c) Bestrooi de aardappelen met zout en peper.
d) Verdeel de helft van het rundvleesmengsel erover. Herhaal de lagen en eindig met de aardappellaag. Combineer soep en water. Verdeel het soepmengsel erover.
e) Dek af en bak 1 uur.

81. Gehaktbal Ovenschotel

INGREDIËNTEN:
- 1 blikje kippensoep (10,75 ounces), gecondenseerd
- 1 kopje zure room
- 1 kop geraspte cheddarkaas
- 1 grote ui, gehakt
- 1 theelepel zout
- 1 theelepel zwarte peper
- 1 pakje (30 ounces) bevroren geraspte hasj bruins, ontdooid
- 20 voorgekookte bevroren gehaktballetjes

INSTRUCTIES:
a) Verwarm de oven voor op 350 graden.
b) Roer in een kom de soep, zure room, kaas, ui, zout en peper door elkaar. Dep de hasj bruins met keukenpapier droog en roer ze vervolgens door het soepmengsel.
c) Verdeel het hasjbruine mengsel in een ingevette pan van 9x13 inch.
d) Druk de gehaktballetjes in gelijke rijen lichtjes in het hasj-bruine mengsel. Dek af en bak 35 minuten.
e) Ontdek en bak nog 10-15 minuten, of tot de hasj bruins gaar zijn.

82. Uienring barbecue bakken

INGREDIËNTEN:
- 1-½ pond rundergehakt
- 1 middelgrote ui, gehakt
- 1 pot (18 ounces) hickory barbecuesaus
- 1 zak (16 ons) bevroren uienringen

INSTRUCTIES:
a) Verwarm de oven voor op 425 graden.
b) In een koekenpan bruin rundvlees en ui tot het rundvlees gaar is. Giet eventueel overtollig vet af. Roer de barbecuesaus door het rundvlees en de ui.
c) Verdeel het rundvleesmengsel in een ingevette pan van 9x13 inch.
d) Leg de uienringen gelijkmatig over de bovenkant.
e) Bak 20-25 minuten, of tot de uienringen knapperig zijn.

83.Sloppy Joe Pie ovenschotel

INGREDIËNTEN:
- 1 pond rundergehakt
- 1 middelgrote ui, gehakt
- 1 blik (15 ounces) geplette tomaten, met vloeistof
- 1 envelop sloppy joe seasoning
- 1 buis (8 ounces) gekoeld halvemaanvormig roldeeg

INSTRUCTIES:
a) Verwarm de oven voor op 375 graden.
b) In een koekenpan het rundvlees en de ui samen bruin bakken tot het rundvlees gaar is.
c) Roer de geplette tomaten en kruiden door het rundvlees en de ui.
d) Laat het op middelhoog vuur 5 minuten sudderen, af en toe roeren
e) Plaats het rundvleesmengsel in een ingevette, diepe 9-inch taartvorm of ronde ovenschaal.
f) Leg de individueel afgeplatte halvemaantjes erover, plaats het magere punt in het midden en strek de onderkant van de halvemaandeegdriehoek uit naar de buitenkant van de pan.
g) Overlap het deeg indien nodig.
h) Bak 15 minuten, of tot de korst goudbruin is.

84. Zuidwestelijke braadpan

INGREDIËNTEN:
- 1 pond rundergehakt, bruin en uitgelekt
- 2 blikjes (elk 8 ons) tomatensaus
- 1 blik (12-15 ounces) hele maïskorrels, uitgelekt
- 1 envelop tacokruiden
- 10 middelgrote bloemtortilla's in gordita-stijl
- 1 blikje (10,75 ounces) bleekselderijsoep, gecondenseerd
- ¾ kopje melk
- 1-½ kopjes geraspte cheddar of Mexicaanse kaasmix

INSTRUCTIES:

a) Verwarm de oven voor op 350 graden.

b) Meng in een kom gekookt rundvlees, tomatensaus, maïs en tacokruiden. Gebruik 6 tortilla's om de bodem en zijkanten van een ingevette 9x13-inch pan te bedekken.

c) Verdeel het rundvleesmengsel over tortilla's. Gebruik de resterende tortilla's om het rundvleesmengsel te bedekken en snijd ze indien nodig op maat.

d) Meng de soep en de melk en giet dit over de tortilla's. Strooi kaas erover.

e) Bak 20-25 minuten, of tot de randen goudbruin zijn.

85. Tater Tot Braadpan

INGREDIËNTEN:
- 1 pond rundergehakt
- 1 middelgrote ui, gehakt
- 2 blikjes (elk 10,75 ounce) champignonroom, gecondenseerd
- 1 blik (14,5 ounces) hele maïskorrels, uitgelekt
- 1 kop geraspte cheddarkaas
- 1 pakje (27-32 ounces) bevroren aardappelkoekjes

INSTRUCTIES:

a) Verwarm de oven voor op 350 graden.

b) In een koekenpan bruin rundvlees en ui tot het rundvlees gaar is. Giet eventueel overtollig vet af.

c) Plaats het rundvleesmengsel op de bodem van een ingevette pan van 9x13 inch.

d) Schep er 1 blikje soep overheen. Strooi maïs en kaas over de soeplaag.

e) Bedek met aardappelkoekjes.

f) Verdeel het resterende blik soep over de aardappelkoekjes. Bak 40 minuten.

VIS- EN ZEEVRUCHTENBOOITJES

86.Tonijn-Tater Tot Ovenschotel

INGREDIËNTEN:
- 1 pakket (32 ounces) bevroren aardappelkoekjes
- 1 blikje tonijn (6 ons), uitgelekt
- 1 blikje kippensoeproom, gecondenseerd
- ½ kopje melk
- 1 ½ kopjes geraspte cheddarkaas

INSTRUCTIES:
a) Verwarm de oven voor op 350 graden.
b) Plaats de aardappelkoekjes in een ingevette ovenschaal van 2 kwart gallon.
c) Combineer tonijn, soep en melk.
d) Giet de aardappelkoekjes erover en bestrooi ze met kaas. Dek af en bak 1 uur.

87. Traditionele tonijnschotel

INGREDIËNTEN:
- 1 zakje eiernoedels (12 ons).
- 1 blikje champignonroomsoep, gecondenseerd
- ½ kopje melk
- 1 blikje tonijn (6 ons), uitgelekt
- 2 kopjes geraspte cheddarkaas
- ½ kopje gemalen cheddar en zure roomchips

INSTRUCTIES:
a) Verwarm de oven voor op 400 graden.
b) Kook de noedels volgens de aanwijzingen op de verpakking en laat ze uitlekken. Roer soep, melk, tonijn en kaas door de noedels.
c) Verdeel het noedelmengsel in een ingevette ovenschaal van 2 liter.
d) Bak 15 minuten. Bestrooi met gemalen chips en bak nog 3-5 minuten.

88.Mosterd Zalm Ovenschotel

INGREDIËNTEN:
- 2 losgeklopte eieren
- ⅔ kopje volle melk
- ½ kopje zure room
- ¾ kopje droog broodkruimels
- 1 theelepel zeevruchtenkruiden
- ½ theelepel citroenpeperkruiden
- ¼ theelepel gedroogde dille
- 3 kopjes gekookte zalmvlokken
- 3 eetl. gehakte selderij
- 2 eetl. gehakte ui
- 4 ½ theelepel citroensap
- 1 ⅓ kopjes mayonaise
- 1 eetl. bereide mosterd (gebruik je favoriet)
- 1 eiwit
- 2 eetl. gehakte verse peterselie

INSTRUCTIES:
a) Voeg in een grote kom de eieren, melk en zure room toe. Klop tot gecombineerd. Voeg het paneermeel, de zeevruchtenkruiden, de citroenpeperkruiden en de dille toe. Klop tot gecombineerd. Voeg de zalm, selderij, ui en citroensap toe. Roer tot gecombineerd.
b) Spuit een ovenschaal van 11 x 7 cm in met antiaanbakspray. Schep de ovenschotel in de ovenschaal. Verwarm de oven voor op 350°. Bak gedurende 25 minuten of totdat een mes dat in het midden van de braadpan wordt gestoken er schoon uitkomt.

c) Terwijl de braadpan kookt, doe je de mayonaise en de mosterd in een kleine kom. Roer tot gecombineerd. Voeg het eiwit toe in een kleine kom. Klop het ei los
d) wit tot zich stijve pieken vormen. Spatel voorzichtig het mayonaisemengsel erdoor. Verdeel over de ovenschotel. Bak gedurende 10-13 minuten of tot de topping opzwelt en lichtbruin is. Haal het uit de oven en strooi de peterselie erover.

89.Zalm Diner Ovenschotel

INGREDIËNTEN:
- ⅓ kopje gehakte groene paprika
- 3 eetl. gehakte ui
- 2 eetl. plantaardige olie
- ¼ kopje bloem voor alle doeleinden
- ½ theelepel zout
- 1 ½ kopje volle melk
- 10,75 ounce blikje bleekselderijsoep
- 6 ons pkg. roze zalm zonder bot zonder vel
- 1 kopje bevroren groene erwten
- 2 theelepel citroensap
- 8 ct. kan gekoelde halvemaanrollen

INSTRUCTIES:
a) Voeg in een grote koekenpan op middelhoog vuur de groene paprika, ui en plantaardige olie toe. Sauteer gedurende 5 minuten. Voeg de bloem en het zout toe aan de koekenpan. Roer voortdurend en kook gedurende 1 minuut. Voeg onder voortdurend roeren langzaam de melk toe.

b) Blijf roeren en kook 2-3 minuten of tot de saus dikker wordt en borrelt. Haal de koekenpan van het vuur.

c) Voeg de crème van selderijsoep, zalm, groene erwten en citroensap toe aan de koekenpan. Roer tot alles gemengd is en schep het in een ovenschaal van 11 x 7 cm. Verwarm de oven voor op 375 °.

d) Haal het halvemaandeeg uit het blik. Rol het deeg niet uit. Snijd het deeg in 8 plakjes en leg deze over de ovenschotel.

e) Bak gedurende 12-15 minuten of tot de halvemaanvormige korst goudbruin is en de braadpan heet is. Haal uit de oven en serveer.

90.Bayou zeevruchtenschotel

INGREDIËNTEN:
- 8 ons roomkaas, in blokjes
- 4 eetl. ongezouten boter
- 1 ½ kopjes gehakte ui
- 2 bleekselderijribben, gehakt
- 1 grote groene paprika, gehakt
- 1 pond gekookte middelgrote garnalen, gepeld en ontdaan van de darmen
- 2 blikjes uitgelekt en in vlokken krabvlees, 6 ons groot
- 10,75 ounce blikje champignonroomsoep
- ¾ kopje gekookte rijst
- 4 ons pot gesneden champignons, uitgelekt
- 1 theelepel knoflookzout
- ¾ theelepel Tabasco-saus
- ½ theelepel cayennepeper
- ¾ kopje geraspte cheddarkaas
- ½ kopje gemalen Ritz-crackers

INSTRUCTIES:
a) Verwarm de oven voor op 350 °. Spuit een ovenschaal van 2 liter in met antiaanbakspray. Voeg in een kleine pan op laag vuur de roomkaas en 2 eetlepels boter toe.

b) Roer voortdurend en kook tot de roomkaas en boter smelten. Haal de pan van het vuur.

c) Voeg in een grote koekenpan op middelhoog vuur de ui, selderij, groene paprika en 2 eetlepels boter toe. Bak gedurende 6 minuten of tot de groenten gaar zijn.

d) Voeg de garnalen, krab, champignonroomsoep, rijst, champignons, knoflookzout, tabascosaus, cayennepeper en roomkaasmengsel toe. Roer tot gecombineerd. Haal de koekenpan van het vuur en schep het in de ovenschaal.

e) Strooi de cheddarkaas en Ritz-crackers over de bovenkant van de braadpan.

f) Bak gedurende 25 minuten of tot de braadpan heet en bruisend is. Haal uit de oven en serveer.

91.Romige zeevruchtenschotel

INGREDIËNTEN:
- 1 pond botfilets, in stukjes van 1 inch gesneden
- 1 pond rauwe middelgrote garnalen, gepeld en ontdaan van de darmen
- 10,75 ounce blikje garnalensoep
- ¼ kopje volle melk
- 1 kopje gemalen Ritz-crackers
- ¼ kopje geraspte Parmezaanse kaas
- 1 theelepel paprikapoeder
- 2 eetl. gesmolten ongezouten boter

INSTRUCTIES:
a) Verwarm de oven voor op 350 °. Spuit een ovenschaal van 11 x 7 cm in met antiaanbakspray. Leg de stukjes bot en garnalen in de ovenschaal.

b) Voeg in een mengkom de garnalenroomsoep en de melk toe. Roer tot alles gemengd is en verdeel het over de vis en garnalen.

c) Voeg in een kleine kom de Ritz-crackers, Parmezaanse kaas, paprika en boter toe. Roer tot alles gemengd is en strooi het over de bovenkant van de ovenschotel.

d) Bak gedurende 25 minuten of tot de vis gemakkelijk uit elkaar valt met een vork en de garnalen roze kleuren.

e) Haal uit de oven en serveer.

92.Heilbot ovenschotel

INGREDIËNTEN:
- 5 eetl. ongezouten boter
- ¼ kopje bloem voor alle doeleinden
- ½ theelepel zout
- ⅛ theelepel witte peper
- 1 ½ kopje volle melk
- 1 kopje gehakte groene paprika
- 1 kopje gehakte ui
- 2 kopjes gekookte heilbot, in blokjes
- 3 hardgekookte eieren, gehakt
- 2 ons pot in blokjes gesneden rode piment, uitgelekt
- ⅓ kopje geraspte cheddarkaas

INSTRUCTIES:
a) Voeg in een grote sauspan op middelhoog vuur 4 eetlepels boter toe. Als de boter smelt, voeg je de bloem, het zout en de witte peper toe.
b) Roer voortdurend en kook gedurende 1 minuut. Voeg onder voortdurend roeren langzaam de melk toe. Blijf roeren en kook ongeveer 2 minuten of tot de saus dikker wordt. Haal de pan van het vuur en plaats een deksel op de pan.
c) Verwarm de oven voor op 375 °. Spuit een braadpan van 1 ½ liter met antiaanbakspray. Voeg in een kleine koekenpan op middelhoog vuur 1 eetlepel boter toe. Als de boter smelt, voeg je de groene paprika en ui toe.
d) Bak gedurende 5 minuten of tot de groenten gaar zijn. Haal van het vuur en voeg toe aan de saus.
e) Voeg de heilbot, gekookte eieren en rode Spaanse peper toe aan de saus. Roer tot alles gemengd is en schep het in de ovenschaal.
f) Strooi de cheddarkaas over de bovenkant van de ovenschotel.
g) Bak gedurende 15-20 minuten of tot de braadpan heet en bruisend is.
h) Haal uit de oven en serveer.

93.Gebakken tong- en spinazieschotel

INGREDIËNTEN:
- 16 kopjes water
- 8 ons pkg. eiernoedels
- 3 eetl. ongezouten boter
- 3 eetl. bloem voor alle doeleinden
- 3 kopjes volle melk
- 1 ½ kopjes geraspte cheddarkaas
- 1 eetl. citroensap
- 1 theelepel zout
- 1 theelepel gemalen mosterd
- 1 theelepel Worcestershiresaus
- ⅛ theelepel gemalen nootmuskaat
- ⅛ theelepel zwarte peper
- 2 pk. ontdooide en geperste droge bevroren spinazie, 10 ounces groot
- 1 ½ pond tongfilets
- ¼ kopje geroosterde geschaafde amandelen

INSTRUCTIES:
a) Voeg het water toe in een grote sauspan op middelhoog vuur. Als het water kookt, roer de eiernoedels erdoor. Kook gedurende 6 minuten of tot de noedels gaar zijn. Haal de pan van het vuur en laat al het water uit de noedels lopen.
b) Voeg de boter toe in een grote sauspan op middelhoog vuur. Wanneer de boter smelt, roer je de bloem erdoor. Roer voortdurend en kook gedurende 1 minuut.
c) Voeg onder voortdurend roeren langzaam de melk toe.
d) Blijf roeren en kook gedurende 2 minuten of tot de saus dikker wordt en borrelt.
e) Voeg 1 kopje cheddarkaas, citroensap, zout, gemalen mosterd, worcestershiresaus, nootmuskaat en zwarte peper toe aan de pan. Roer tot alles gemengd is en de kaas smelt.
f) Voeg de noedels toe aan de saus. Roer tot gecombineerd. Verwijder de helft van de saus en doe deze in een kom.
g) Verwarm de oven voor op 375 °. Spuit een bakvorm van 9 x 13 cm in met antiaanbakspray. Schep de resterende saus in de bakvorm. Doe de spinazie over de saus in de bakvorm. Leg de tongfilets erop.
h) Verdeel de gereserveerde kaassaus erover. Strooi de amandelen over de saus.
i) Bak gedurende 30 minuten of tot de braadpan bubbelt en de tong gemakkelijk loslaat met een vork. Haal uit de oven en serveer.

94.Maïs- en visstickbraadpan

INGREDIËNTEN:
- ¼ kopje gehakte ui
- ¼ kopje gehakte groene paprika
- ¼ kopje ongezouten boter, in blokjes
- ¼ kopje bloem voor alle doeleinden
- 1 ½ theelepel zout
- ¼ theelepel zwarte peper
- 2 theelepel kristalsuiker
- 2 blikjes gestoofde tomaten, 14 ons groot
- 2 pk. ontdooide bevroren hele korrelmaïs, 10 ounces groot
- 24 ons pkg. bevroren vissticks

INSTRUCTIES:
a) Verwarm de oven voor op 350 °. Spuit twee bakvormen van 11 x 7 cm in met antiaanbakspray. Voeg in een grote koekenpan op middelhoog vuur de ui, groene paprika en boter toe. Bak gedurende 4 minuten.

b) Voeg de bloem, het zout, de zwarte peper en de kristalsuiker toe aan de koekenpan. Roer voortdurend en kook gedurende 1 minuut. Voeg de tomaten met sap toe aan de koekenpan. Roer voortdurend en kook 2-3 minuten of tot de saus dikker wordt en borrelt. Haal de koekenpan van het vuur en voeg de maïs toe. Roer tot gecombineerd. Schep in de bakvormen.

c) Plaats de vissticks over de bovenkant van de ovenschotel. Bedek de gerechten met aluminiumfolie. Bak gedurende 25 minuten. Verwijder de aluminiumfolie. Bak gedurende 15 minuten of tot de vissticks goudbruin zijn en de braadpan heet en bruisend is.

d) Haal uit de oven en serveer.

95. Oesterschotel

INGREDIËNTEN:
- 1 liter gepelde oesters
- 2 kopjes gehakte ui
- 1 ½ kopje gehakte selderij
- ¾ kopje ongezouten boter
- ½ kopje bloem voor alle doeleinden
- 2 kopjes halve en halve room
- 2 theelepels gehakte verse peterselie
- 1 theelepel zout
- ½ theelepel gedroogde tijm
- ¼ theelepel zwarte peper
- ⅛ theelepel cayennepeper
- 4 losgeklopte eidooiers
- 2 kopjes gemalen Ritz-crackers

INSTRUCTIES:

a) Giet de oesters af, maar bewaar de drank van de oesters in een kleine kom. Voeg in een grote pan op middelhoog vuur de uien, selderij en ½ kopje boter toe. Bak gedurende 6 minuten of tot de groenten gaar zijn.

b) Voeg de bloem voor alle doeleinden toe aan de pan. Roer voortdurend en kook gedurende 1 minuut. Voeg onder voortdurend roeren langzaam de halve en halve room toe. Blijf roeren en kook ongeveer 2 minuten of tot de saus dikker wordt en borrelt.

c) Zet het vuur laag. Voeg de peterselie, het zout, de tijm, de zwarte peper, de cayennepeper en het gereserveerde oestervocht toe. Roer voortdurend en kook gedurende 2 minuten. Voeg de losgeklopte eidooiers toe aan een kleine kom. Voeg 1 eetlepel saus toe aan de eieren. Klop tot gecombineerd. Voeg nog een eetlepel saus toe aan de dooiers.

d) Klop tot gecombineerd. Voeg de eidooiers toe aan de pan en roer tot alles gemengd is. Haal de pan van het vuur.

e) Spuit een bakvorm van 9 x 13 cm in met antiaanbakspray. Verwarm de oven voor op 400°. Verdeel de helft van de saus in de bakvorm.

f) Verdeel de helft van de oesters over de saus. Strooi de helft van de Ritz-crackers erover. Herhaal de laagjesstappen nog 1 keer.

g) Voeg in een magnetronbestendige kom ¼ kopje boter toe. Magnetron gedurende 30 seconden of tot de boter smelt. Haal het uit de magnetron en besprenkel de boter over de crackerkruimels. Bak gedurende 25 minuten of tot de braadpan bruisend en goudbruin is.

h) Haal uit de oven en laat de braadpan 10 minuten rusten voordat je hem serveert.

96.Creoolse ovenschotel met garnalen

INGREDIËNTEN:
- 2 eetl. olijfolie
- 1 ½ kopje gehakte groene paprika
- 1 kopje gehakte ui
- ⅔ kopje gehakte selderij
- 2 teentjes knoflook, fijngehakt
- 1 kop droge langkorrelige rijst
- 14 ons kan tomaten in blokjes snijden
- 2 theelepel Tabasco-saus
- 1 theelepel gedroogde oregano
- ¾ theelepel zout
- ½ theelepel gedroogde tijm
- Zwarte peper naar smaak
- 1 pond middelgrote verse garnalen, gepeld en ontdaan van de darmen
- 1 eetl. vers gehakte peterselie

INSTRUCTIES:
a) Verwarm de oven voor op 325 °. Voeg de olijfolie toe in een grote koekenpan op middelhoog vuur. Als de olie heet is, voeg je de groene paprika, ui, selderij en knoflook toe. Sauteer gedurende 5 minuten. Voeg de rijst toe aan de koekenpan. Sauteer gedurende 5 minuten.

b) Giet de tomaten af, maar bewaar het vocht. Voeg water toe aan de tomatenvloeistof tot 1 ¾ kopjes. Voeg de tomaten, tomatenvloeistof, tabascosaus, oregano, zout, tijm en zwarte peper naar smaak toe aan de koekenpan.

c) Roer tot alles gemengd is en kook gedurende 2 minuten. Haal de koekenpan van het vuur en roer de garnalen erdoor.

d) Schep de braadpan in een ovenschaal van 2 ½ liter. Bedek de schaal met aluminiumfolie. Bak gedurende 50-55 minuten of tot de rijst gaar is.

e) Haal de schaal uit de oven en strooi de peterselie erover.

97. Gegratineerde braadpan met zeevruchten

INGREDIËNTEN:
- 8 ons gekookte middelgrote garnalen, gepeld en ontdaan van de darmen
- 8 ons gekookt krabvlees
- 8 ons gekookte tong, gehakt
- 8 ons gekookte kreeft, gehakt
- 2 eetl. ongezouten boter
- 2 eetl. bloem voor alle doeleinden
- ½ kopje volle melk
- ¼ kopje geraspte Parmezaanse kaas
- ½ kopje Coca-Cola
- 2 eetl. panko-broodkruimels

INSTRUCTIES:
a) Verwarm de oven voor op 325 °. Spuit een ovenschaal van 2 liter in met antiaanbakspray. Doe de garnalen, krab, tong en kreeft in de ovenschaal. Voeg de boter toe in een koekenpan op middelhoog vuur.
b) Wanneer de boter smelt, voeg je de bloem toe. Roer voortdurend en kook gedurende 1 minuut.
c) Voeg onder voortdurend roeren langzaam de melk en de Parmezaanse kaas toe. Roer voortdurend en kook gedurende 3 minuten of tot de saus dikker wordt en borrelt.
d) Haal de pan van het vuur en roer de Coca-Cola erdoor. Verdeel de saus over de zeevruchten in de ovenschaal. Strooi het paneermeel erover.
e) Bak gedurende 20 minuten of tot de braadpan heet en bruisend is. Haal het uit de oven en laat het 5 minuten afkoelen voordat je het serveert.

ZOETE BOOITJES

98. Aardbeien Zandkoek Ovenschotel

INGREDIËNTEN:

- 3 ½ kopjes zware room
- 16 ons mascarponecrème, bij kamertemperatuur ½ kopje plus 2 el. poedersuiker
- 2 theelepel vanille-extract
- ¼ theelepel zout
- 90 zandkoekkoekjes
- 2 pond verse aardbeien, gepeld en in plakjes gesneden
- 1 banaan, geschild en in plakjes gesneden

INSTRUCTIES:

a) Voeg de slagroom, mascarponecrème, poedersuiker, vanille-extract en zout toe aan een mengkom. Klop met een mixer op gemiddelde snelheid tot je bijna stijve pieken krijgt. De crème moet stevig maar toch smeerbaar zijn.

b) Verdeel een dunne laag room op de bodem van een bakvorm van 9 x 13 cm. Plaats een laag zandkoekkoekjes over de room. Verdeel ¼ van de resterende room over de koekjes. Plaats ⅓ van de aardbeien over de room. Leg nog een laag koekjes over de aardbeien.

c) Smeer nog een laagje room over de koekjes. Plaats nog een ⅓ van de aardbeien over de room. Leg nog een laag koekjes over de aardbeien. Herhaal de laagjesstappen nog 1 keer.

d) Leg de plakjes banaan erop. Verdeel de resterende room over de ovenschotel. Bedek de pan met plasticfolie. Zet minimaal 6 uur in de koelkast voordat u het serveert.

99. Chocoladeschilfer-bananenpannenkoekschotel

INGREDIËNTEN:
- 4 eieren
- 1 kopje zware room
- ¼ kopje ahornsiroop
- 1 theelepel vanille-extract
- 40 bevroren miniatuurpannenkoekjes, ontdooid
- 2 bananen, geschild en in dunne plakjes gesneden
- ¾ kopje miniatuurchocoladestukjes
- Poedersuiker naar smaak

INSTRUCTIES:
a) Spuit een ronde cakevorm van 23 cm in met antiaanbakspray. Voeg in een mengkom de eieren, slagroom, ahornsiroop en vanille-extract toe. Klop tot gecombineerd. Doe de helft van de pannenkoeken in de cakevorm.

b) Leg de helft van de plakjes banaan op de pannenkoeken. Strooi de helft van de chocoladestukjes over de pannenkoeken. Giet de helft van het eimengsel erover. Herhaal de laagjesstappen nog een keer.

c) Bedek de pan met aluminiumfolie. Zet 2 uur in de koelkast. Haal het uit de koelkast en laat de braadpan 30 minuten op kamertemperatuur staan. Verwarm de oven voor op 350 °. Bak gedurende 30 minuten. Verwijder de aluminiumfolie uit de pan.

d) Bak gedurende 5-10 minuten of tot de braadpan gaar is en de pannenkoeken warm zijn.

e) Haal uit de oven en bestuif met poedersuiker naar smaak.

100. Smores ovenschotel

INGREDIËNTEN:
- 2 vellen diepvriesbladerdeeg, ontdooid
- 1 pond roomkaas, verzacht
- 1 kopje kristalsuiker
- 7 ounces pot marshmallow-crème
- 9 grahamcrackers
- 6 eetl. gesmolten ongezouten boter
- 1 kopje halfzoete chocoladestukjes
- 2 kopjes miniatuur marshmallows

INSTRUCTIES:
a) Verwarm de oven voor op 375 °. Spuit een bakvorm van 9 x 13 lichtjes in met antiaanbakspray. Rol 1 vel bladerdeeg uit dat groot genoeg is om op de bodem van de bakvorm te passen. Leg het bladerdeeg op de bodem van de pan. Prik het bladerdeeg rondom in met een vork.
b) Bak gedurende 4 minuten. Haal uit de oven en laat volledig afkoelen voordat je het vult.
c) Voeg in een mengkom de roomkaas en ¾ kopje kristalsuiker toe. Gebruik een mixer op gemiddelde snelheid tot een gladde massa en gecombineerd. Voeg de marshmallowcrème toe aan de kom. Meng tot een geheel en verdeel het over het bladerdeeg in de pan.
d) Vermaal de graham crackers tot kruimels in een kleine kom. Voeg 2 eetlepels kristalsuiker en 3 eetlepels boter toe aan de kom. Roer tot alles gemengd is en strooi dit over de crèmevulling.
e) Strooi de chocoladestukjes en miniatuur marshmallows erover. Rol het tweede vel bladerdeeg zo groot dat het de bovenkant bedekt.
f) Prik het deeg rondom in met een vork en leg het bovenop de ovenschotel. Bestrijk de bovenkant van het bladerdeeg met 3 eetlepels boter. Strooi de resterende kristalsuiker erover.
g) Bak gedurende 12-15 minuten of tot het bladerdeeg gepoft en goudbruin is.
h) Haal het uit de oven en laat het 5 minuten afkoelen voordat je het serveert.

CONCLUSIE

Nu we onze reis door Het Snelle Repareren Kookboek afsluiten, hopen we dat je het plezier en gemak hebt ontdekt van het gemakkelijk bereiden van heerlijk comfortfood. Ovenschotels hebben een bijzondere manier om mensen samen te brengen, of het nu rond de eettafel is met familie of tijdens een potluck met vrienden. Moge elk recept dat u probeert, terwijl u de wereld van het koken met ovenschotels blijft verkennen, u dichter bij de eenvoudige geneugten van huisgemaakte maaltijden en dierbare herinneringen brengen.

Terwijl de laatste pagina's van dit kookboek worden omgeslagen en de aroma's van gebakken heerlijkheden in uw keuken blijven hangen, weet u dat de reis hier niet eindigt. Experimenteer met nieuwe ingrediënten, pas recepten aan uw smaakvoorkeuren aan en geniet van het delen van heerlijke maaltijden met uw dierbaren. En als u behoefte heeft aan een snelle en geruststellende maaltijd, dan is er Het Snelle Repareren Kookboek, klaar om u te begeleiden bij uw culinaire avonturen.

Bedankt dat je met ons meegaat op deze smaakvolle reis door de wereld van ovenschotels. Moge uw keuken gevuld zijn met de geruststellende aroma's van gebakken heerlijkheden, uw tafel met het gelach van dierbaren en uw hart met de warmte van huisgemaakte maaltijden. Tot we elkaar weer ontmoeten, veel kookplezier en eet smakelijk!

www.ingramcontent.com/pod-product-compliance
Lightning Source LLC
Chambersburg PA
CBHW070418120526
44590CB00014B/1448